介護老人福祉施設の機能と地域貢献活動

地域包括ケアの推進に寄与する取り組み

神部 智司

大学教育出版

まえがき

　人口高齢化の進展により，一人暮らしや夫婦のみの高齢者世帯が増加するとともに，家族介護力の低下が指摘されている。このようななか，高齢者やその家族の地域での暮らしを支援するための施策が展開され，訪問型や通所型，短期入所型の居宅系サービスの拡充が進められてきた。一方，自宅での暮らしが困難な中・重度の要介護状態にある高齢者に対しては，入居型福祉施設が重要な役割を担い続けている。そして，その代表格ともいえるのが介護老人福祉施設である。

　筆者は，介護保険制度が開始されて間もない 2000 年頃より介護老人福祉施設を対象とした研究活動に取り組んできた。当初は，入居者本人の施設サービス満足度に関する評価研究が中心であり，2007 年に実施した施設訪問による個別面接調査では，多くの入居者が施設で提供されるケアに対して肯定的に評価していることが明らかとなった。それは，バリアフリー化された安全な設備や建物，清潔で快適な生活空間，そして専門性の高い施設職員など，施設の優れた物的・人的機能が入居者への良質なケアの提供に発揮されているためであった。

　また，施設サービス満足度評価とともに，筆者は介護保険サービスの相談対応等を行う第三者機関の専門相談員（非常勤）として，現在まで 20 年以上にわたり利用者やその家族のサービス利用に係る苦情等に向き合い，中立的な立場でその解決のための斡旋案を提示するなどの業務を担っている。しかし，これらの評価研究や専門相談員としての業務を通して入居者や施設職員の声を直接聞かせていただくなかで，入居者には買い物や散策，地域の行事やイベントへの参加など，地域社会との関わりをもつ機会が限られていること，また，施設職員も入居者の安全確保，さらに

は人員（マンパワー）不足の問題で外出支援が困難であることへのもどかしさ，施設に向けられる地域住民の偏見や苦情対応などへの悩みや不安を抱えておられることが気になっていた。

　現在，地域包括ケアシステムの推進に向けた施策が展開されているなか，居宅系サービスの拡充が必要不可欠であることは論を待たない。しかし，介護老人福祉施設も地域包括ケアシステムに内包された地域の社会資源である。このことに鑑みれば，介護老人福祉施設の役割は入居者へのケア提供に限定されるべきではない。介護老人福祉施設には，その優れた専門的機能を活用して地域貢献活動を行い，地域の多様な福祉ニーズに応えていくことが求められるのではないだろうか。このような問題意識に立ち，本書のテーマとしている研究活動に取り組んできた。

　本書は，先行図書・学術論文および行政資料等を用いた文献研究である第Ⅰ部（第1章〜第2章），質的・量的調査で収集したデータを用いた調査研究である第Ⅱ部（第3章〜第6章），および序章と終章の計8章で構成されている。序章では，研究の背景と目的，方法について取り上げるとともに，研究全体の枠組みを提示している。

　第Ⅰ部（第1章〜第2章）は，介護老人福祉施設による地域貢献活動への取り組みと関連施策の動向に焦点を当てている。第1章では，「施設の社会化」が議論された1970年代後半から1980年代前半にかけての地域貢献活動への取り組みについて，「施設機能の地域開放」の観点から文献整理を行うとともに，近年の地域包括ケアシステムの推進に向けた施策のなかで介護老人福祉施設がどのような位置づけにあるのか，また，地域の社会資源としてどのような役割と機能を担うべきなのかについて，『なぎさの福祉コミュニティ論』（岡本榮一）を理論的基盤とした論考を試みている。第2章では，2011年からの社会福祉法人制度の見直しに向けた議論，そして2016年の社会福祉法改正による「地域での公益的な取組」に関する動向を整理しつつ，そこから介護老人福祉施設の経営実態を踏ま

えて地域貢献活動のあり方について検討している。

　第Ⅱ部（第3章〜第6章）は，介護老人福祉施設を対象とした質的・量的調査で収集したデータを多角的に分析し，その実証的知見について整理している。第3章（質的調査）では，地域貢献活動への取り組みについて施設の地域連携担当者が認識している意義と困難さを探索的に検討している。第4章から第6章（量的調査）では，地域貢献活動の実施状況に関する評価尺度がどのような下位領域で構成されているのか，また，何が地域貢献活動を促進（ないし阻害）しているのかについて明らかにしている。そして，終章では，介護老人福祉施設による地域貢献活動への取り組みにおける課題と展望について整理している。

　介護老人福祉施設が，入居者へのケア提供とともに地域貢献活動に取り組むことは決して容易ではない。特に，職員不足が深刻な状況にある施設も多く，地域の福祉ニーズへの対応に力を注いでいくための余裕がないことも指摘されている。しかし，地域住民からの期待に応え，地域と良好な関係を形成していくことは施設経営の観点からも大切である。介護老人福祉施設が地域に開かれた福祉施設であり続けるために，本書が少しでも貢献できればと願っている。

介護老人福祉施設の機能と地域貢献活動
― 地域包括ケアの推進に寄与する取り組み ―

目　次

第Ⅰ部　介護老人福祉施設による地域貢献活動への取り組みと関連施策の動向

第Ⅱ部　介護老人福祉施設による地域貢献活動の実証的
　　　　研究

序　章

研究の主題と本書の構成

1　研　究　背　景

　2011 年の介護保険法改正により，高齢者の日常生活圏域において，医
療，介護，予防，住まい，生活支援サービスが切れ目なく提供される「地
域包括ケアシステム」の実現に向けた取り組みが推進されることになった
（厚生労働統計協会　2021：169-170）。この取り組みでは，高齢者が可能
な限り自宅で暮らし続けられるように支援することが目指されている（厚
生労働統計協会　2021：189）。そのため，介護が必要になったときは，
基本的に訪問・通所・短期入所型の在宅系サービスの利用が念頭におかれ
ることになる。

　しかし，地域包括ケアシステムには，在宅系サービスとともに「施設・
居住系サービス」，すなわち，老人福祉法や介護保険法に規定された入居
型の介護施設も内包されている[1]。そのなかでも，介護老人福祉施設（老
人福祉法に規定された定員 30 名以上の特別養護老人ホーム，以下同じ）[2]
は，「重度者向けの住まい」としての役割を担うものとされている（地域
包括ケア研究会　2014：14）。

　介護保険法において，介護老人福祉施設は「入所する要介護者に対
し，施設サービス計画に基づいて，入浴，排せつ，食事等の介護その他の

日常生活上の世話，機能訓練，健康管理及び療養上の世話を行うことを目的とする施設」と規定されている（第8条第27項）。そのため，入居者に対して必要なケアを提供することが本来の目的となる。しかし，介護老人福祉施設の役割は，入居者へのケア提供に限定されるべきではない。なぜなら，近年の「地域包括ケアシステム」の実現に向けた施策において，介護老人福祉施設は「ケア資源が集積された地域社会の拠点」として，その機能を地域に展開していくこと（地域包括ケア研究会　2014：39），多様な機能を兼ね備えた「地域福祉の活動拠点」として，地域と連携した取り組みに力を入れていくことが強く期待されているためである（地域包括ケア研究会　2014：38-39）。

　2016年4月に社会福祉法が改正され，社会福祉法人による「地域における公益的な取組」が創設された（第24条第2項）。これは，社会福祉法人が，直接的または間接的に地域の社会福祉の向上につながる活動に取り組むことを規定したものである。そして，社会福祉法人が経営する介護老人福祉施設には，入居型福祉施設として有する設備や建物，人材等の機能，財源等を活用しつつ，居宅サービス事業者や居宅介護支援事業者，地域包括支援センター，行政機関，さらには民生委員，自治会や町内会など，地域の多様な社会資源と有機的に連携して地域貢献活動に取り組むことが期待されている。

　介護老人福祉施設による地域貢献活動については，1970年代後半からの「施設の社会化」の流れのなかで，措置制度下の特別養護老人ホームの時期より継続的に取り組まれてきたという歴史的経緯がある。そして，地域貢献活動の種類や内容，実施状況などに関する実態レベルでの調査結果が報告されてきた。その具体例として，井岡勉（1984：191-207）は，社会福祉施設と地域との結びつきである「施設の地域化」の実態について，中央共同募金会（1979年），東京都社会福祉協議会（1980年），全社協老人福祉施設協議会（1982年）による調査報告を取り上げて整理して

いる。これらの調査報告によると，地域住民への施設の設備や機能の開放（提供）やボランティアの受け入れについては，約50〜60％の高齢者福祉施設で実施されていることが示されている。また，特別養護老人ホームを中心に約10〜40％の高齢者福祉施設でショートステイや入浴，給食（食事の提供），リハビリテーションなどのサービスが実施されていること，さらには地域住民・団体との交流事業として季節行事やスポーツ，レクリエーションなどが年に数回実施されていることなどが示されている。これらの調査報告には，特別養護老人ホーム以外の施設も調査対象に含まれているが，1980年前後の時期に高齢者福祉施設が地域住民に向けてどのような活動に取り組んできたのかが詳細に整理されているとともに，これらの活動内容の多くは，数十年が経過した現在でも積極的に取り組まれていることが把握できるという意味において重要な資料といえる。

　また，2018年に全国老人福祉施設協議会が実施した「全国老人ホーム基礎調査」では，1介護老人福祉施設による地域貢献活動として「地域福祉，地域との連携推進，地域への開放」に関する内容が調査項目に取り上げられている[3]。具体的には，「介護保険制度外の生活支援サービス・在宅支援事業の実施状況」について，配食13.8％，居場所づくり7.2％，外出支援6.9％，買い物支援6.8％の順となっている。また，「低所得世帯，及び要援護者等に対する支援の実施状況」について，相談支援26.2％，就労支援2.5％の順となっている。さらには，「ボランティアの受け入れ実績」について，実績があると回答した施設が94.0％となっている。このように，高齢者福祉施設を対象とした実態調査の結果報告は，1970年代後半より今日に至るまで散見される。

　しかし，地域貢献活動の構成領域や質問項目の内容に着目してみると，調査の実施主体による違いがみられる。これは，何が地域貢献活動の構成領域として適切なのか，さらには構成領域ごとにどのような内容の質問項目を設定するべきなのかについて，科学的な検証が十分に行われてい

ないことに起因している。介護老人福祉施設による地域貢献活動への取り組みの実態を適切に把握するためには，統計学的な分析手法によって信頼性と妥当性が確認された評価尺度を用いる必要がある。近年の先行研究を概観してみると，呉（2013）が地域貢献活動の下位構造と関連要因について検証を行い，施設の経営特性が地域貢献活動に影響を及ぼすことを明らかにしている。また，島崎ら（2015）は，地域貢献活動が利用者個人や地域のみならず，公益的活動の実践者に対しても有効であることを明らかにしている。しかし，これらの先行研究はデータの分析手法が探索的レベルにとどまっているため，現時点で地域貢献活動への取り組みを測定するための標準化された評価尺度は存在していない。そして，介護老人福祉施設による地域貢献活動に関する調査データを用いた先行研究自体が非常に少ないため，さらなる研究知見の蓄積が必要不可欠な状態である。

　以上のような背景から，介護老人福祉施設が有する多様な専門的機能，そして地域包括ケアシステムの推進に向けた政策的動向との関係性に着目しつつ，信頼性と妥当性を有する評価尺度を用いた調査研究とその知見の蓄積が求められる。また，どのような要因が地域貢献活動を促進（ないし阻害）しているのかを検証するためには，施設の属性を含めて多角的に関連要因を検証していかなければならない。そして，これらの研究知見を踏まえて，介護老人福祉施設による地域貢献活動の促進に向けた課題と展望を明らかにしていく必要がある。

2　研究目的

本書では，次の6点を研究目的として設定している。
① 介護老人福祉施設の機能とその地域展開への取り組みについて，介護老人福祉施設と地域社会の関係性や地域包括ケアシステムにおける介護老人福祉施設の役割に着目して検討する（第1章）。

② 社会福祉法人制度の改革による「地域における公益的な取組」の施策的動向と介護老人福祉施設による地域貢献活動への取り組みの関係性について検討する（第2章）。
③ 地域貢献活動への取り組みにおいて，施設の地域連携担当者が認識している意義と困難さを検討する（第3章）。
④ 地域貢献活動の実施状況とその構造（下位領域）について検討する（第4章）。
⑤ 地域貢献活動のための基盤の形成状況と地域貢献活動の実施状況の関連について検討する（第5章）。
⑥ 地域の関係機関・団体等との連携状況と地域貢献活動の実施状況の関連について検討する（第6章）。

　なお，終章では，上記6点の研究目的のもとに実施した文献研究および調査研究で得られた知見を整理するとともに，地域包括ケアシステムのもとで介護老人福祉施設による地域貢献活動への取り組みを促進していくための課題と展望について提言を行う。

　ここで，本書で介護老人福祉施設に着目した理由を説明しておきたい。第1に，介護老人福祉施設は，1963年制定の老人福祉法に規定された特別養護老人ホームとして，2000年4月の介護保険法の施行以前より，養護老人ホームや軽費老人ホームとともに入居型福祉施設としての役割を担い続けているためである。第2に，介護保険法では，介護保険施設である介護老人福祉施設，介護老人保健施設，介護療養型医療施設（2024年3月末まで），介護医療院のほか[4]，特定施設[5]や認知症対応型共同生活介護（グループホーム）などの入居型福祉施設があるが，これらのなかで介護老人福祉施設の設置数が最も多く，入居型福祉施設の代表格といえるためである。以上のような理由により，介護老人福祉施設による地域貢

献活動への取り組みに関する研究が，地域包括ケアシステムに内包された「施設・居住型サービス」としての役割と機能を検討するための有益な知見となりうるのではないかと考え，本書で介護老人福祉施設を取り上げることにした。

3　研究方法

　本書では，文献研究および調査研究をとおして，上記6点の研究目的を明らかにしていく。具体的には，介護老人福祉施設による地域貢献活動への取り組みとその関連施策の動向，地域包括ケアシステムにおける介護老人福祉施設の位置づけなど多角的な観点から整理するとともに，調査データを用いて地域貢献活動の構造（下位領域），および関連要因について実証的に検討していく。

　文献研究では，図書・学術論文，法律，厚生労働省通知，審議会等の資料，統計資料等を幅広く収集してレビューを行い，1970年代からの地域福祉の概念や「施設の社会化」論などの観点から介護老人福祉施設と地域社会の関係性の論点整理を行うとともに，地域包括ケアシステムにおける介護老人福祉施設の役割と機能，地域貢献活動への取り組みについて検討していく。

　調査研究では，質的調査と量的調査をそれぞれ実施している。質的調査では，近畿地方の大阪府および兵庫県の調査協力が得られた介護老人福祉施設（7施設）の地域連携担当者各1名（生活相談員，介護支援専門員，施設長など：通所介護など同一敷地内に併設された事業所の所属でも可，以下同じ）を調査対象者として，施設訪問による個別面接調査（半構造化面接）を実施している。また，量的調査では，同じく近畿地方の大阪府および兵庫県の「介護サービス情報公表システム」に登録されている介護老人福祉施設（736施設）の地域連携担当者各1名を調査対象者とし

て，無記名・自記式調査票による郵送調査を実施している。

　以上のように，本書では，先行研究および関連資料等のレビュー，質的・量的調査で得られたデータの分析によって，介護老人福祉施設による地域貢献活動への取り組みの実態を多角的に検証するとともに，そこから地域包括ケアシステムのもとで地域貢献活動への取り組みをよりいっそう促進していくための課題と方向性について提言することを目指していく。

4　本書の構成

　本書は，全体で2部構成としている。第Ⅰ部は文献研究であり，第1章と第2章で構成されている。第Ⅱ部は調査研究であり，第3章〜第6章で構成されている。研究目的と研究枠組みについては，図序 –1 に示すとおりとなる。

　なお，第1章および第2章については，神部（2018；2019）の論文を基礎として，そこに新たな資料等を追加してまとめたものである。また，

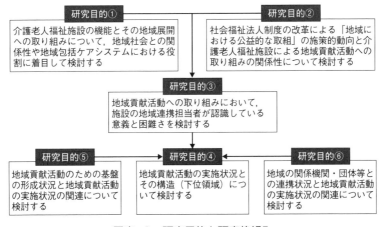

図序 –1　研究目的と研究枠組み

第3章についても神部の論文（2020）を基礎としており，質的データを用いた内容分析の見直しを加えてまとめたものである。第4章から第6章，および終章については書き下ろしである。

　これら一連の調査研究は，JSPS科研費（16K0429）「介護老人福祉施設におけるケア機能を活用した地域連携への取り組みに関する実証的研究」（研究代表者：神部智司）の助成を受けて実施した。

〈注〉
1)　厚生労働省「地域包括ケアシステムの姿」には，介護が必要になった場合に提供されるサービスの類型として「在宅系サービス」（訪問・通所・短期入所型）とともに，「施設・居住系サービス」が位置づけられている。また，その具体例として，介護老人福祉施設，介護老人保健施設，認知症対応型共同生活介護（グループホーム），特定施設入居者生活介護などが提示されている。
2)　老人福祉法第20条の5に規定する特別養護老人ホーム（ただし，入居定員が30名以上であるものに限る）のうち，都道府県知事（政令指定都市，中核市の長を含む）の指定を受けることで「（指定）介護老人福祉施設」（介護保険法第8条第27項）として運営されている。
3)　全国老人福祉施設協議会は，1977年より5年ごとに「全国老人ホーム基礎調査」を継続的に実施しており，2018年は第9回の基礎調査となる。
4)　介護療養型医療施設は，2024年3月末までに廃止されることになっている。2018年4月より創設され始めた介護医療院は，主として長期にわたり療養が必要である要介護者に対し，施設サービス計画に基づいて，療養上の管理，看護，医学的管理の下における介護および機能訓練その他必要な医療並びに日常生活上の世話を行うことを目的としている（介護保険法第第8条第29項）。
5)　介護保険法施行規則第4条において，特定施設とは，老人福祉法に規定された養護老人ホーム（第20条の4），軽費老人ホーム（第20条の6），および有料老人ホーム（第29条第1項）と規定されている（サービス付き高齢者向け住宅については，有料老人ホームに該当する場合に特定施設となる）。

〈文献〉
地域包括ケア研究会（2014）「地域包括ケアシステムを構築するための制度論等に関する調査研究事業報告書」三菱UFJリサーチ＆コンサルティング.

井岡勉（1984）「第 8 章　地域福祉と施設の社会化」右田紀久恵・井岡勉編著『地域福祉
　　―いま問われているもの』ミネルヴァ書房，191-207.

神部智司（2018）「介護老人福祉施設におけるケア機能を活かした地域連携への取り組み
　　に関する文献的検討 ― 地域包括ケアシステムでの役割に着目して ― 」『大阪大谷大学
　　紀要』52，181-190.

神部智司（2019）「特別養護老人ホームを経営する社会福祉法人の地域での公益的な活動
　　に関する文献的検討」『大阪大谷大学紀要』53，99-108.

神部智司（2020）「介護老人福祉施設による地域貢献活動の意義と困難さに関する探索的
　　検討 ― 地域住民とのつながりに焦点を当てて ― 」『大阪大谷大学紀要』54，173-181.

厚生労働統計協会（2021）『国民の福祉と介護の動向 2021 ／ 2022』厚生労働統計協会.

呉世雄（2013）「介護老人福祉施設の地域貢献活動の実施に影響を及ぼす要因」『日本の
　　地域福祉』26，65-77.

島崎剛・竹下徹・田島望（2015）「特別養護老人ホーム職員から見た地域貢献活動の有効
　　性～テキストマイニングによる探索的検討～」『地域福祉実践研究』6，9-47.

全国老人福祉施設協議会（2018）「第 9 回全国老人ホーム基礎調査報告書」（平成 29 年度
　　実績).

介護老人福祉施設による地域貢献活動への取り組みと関連施策の動向

第1章

介護老人福祉施設の機能とその地域展開への取り組み

1　本章の目的

　わが国では，人口高齢化に伴う老年人口（65 歳以上の高齢者人口）の増加とともに，介護や支援を必要とする高齢者が増加している。厚生労働省の統計資料によると，介護保険制度が開始された 2000 年 4 月末時点での要支援・要介護認定者の総数は約 218 万人であったが，2021 年 4 月末時点では約 684 万人であり，この約 20 年間で 3 倍以上も増加していることになる（厚生労働統計協会　2022：198-199）。また，核家族化の進行による家族規模の縮小，高齢者とその子どもとの同居率の低下，高齢者の一人暮らし世帯や夫婦のみ世帯の増加，就労している女性の増加等を背景として，家族による老親等の介護がますます困難な状況となっている（厚生労働統計協会　2022：183）。このようななか，社会福祉法人や NPO 法人，営利企業など多様な経営主体が介護サービスの市場へ参入するようになった。さらには，市町村が 3 年を一期として策定する介護保険事業計画等により，介護サービスを安定的に供給していくための基盤整備が図られている。

　また，介護サービスの供給量の確保とともに，高齢者のニーズに応じたケアが包括的かつ継続的に提供される地域包括ケアシステムの構築とそ

の強化が重要な政策的課題となっている。地域包括ケアシステムの考え方は，2003年に高齢者介護研究会（厚生労働省老健局長の私的研究会）が発表した報告書「2015年の高齢者介護」のなかで提起された。続いて，2008年に厚生労働省老人保健健康増進等事業の一環として設立された地域包括ケア研究会が，地域包括ケアシステムの定義や構成要素，取り組みなどについて詳細かつ具体的な検討を重ねてきた。そして，2014年には「地域における医療及び介護の総合的な確保の促進に関する法律」のなかで，地域包括ケアシステムが以下のとおり法的に定義された。

〈第2条第1項〉

> 地域包括ケアシステムとは，地域の実情に応じて，高齢者が，可能な限り，住み慣れた地域でその有する能力に応じ自立した日常生活を営むことができるよう，医療，介護，介護予防（要介護状態若しくは要支援状態となることの予防又は要介護状態若しくは要支援状態の軽減若しくは悪化の防止をいう），住まい及び自立した日常生活の支援が包括的に確保される体制をいう。

　序章でも触れたように，地域包括ケアシステムには，介護を必要とする高齢者が自宅で暮らしながら利用できる訪問型や通所型，短期入所型の「在宅系サービス」とともに，自宅に代わる住まいとしての「施設・居住系サービス」が位置づけられている（図1-1）。また，その種類として，介護老人福祉施設や介護老人保健施設，認知症対応型共同生活介護（グループホーム）[1]，特定施設入居者生活介護[2]などが取り上げられている。そして，入居型の介護施設に対しては，入居者のみならず，地域で暮らす高齢者の生活を支える社会資源であることが期待されている。たとえば，2012年に厚生労働省の認知症施策検討プロジェクトチームが公表した報告書「今後の認知症施策の方向性について」のなかで，認知症対応型

図 1-1　地域包括ケアシステムの姿

出所）厚生労働省「地域包括ケアシステム」（一部修正）
　　　（https://www.mhlw.go.jp/stf/seisakunitsuite/bunya/hukushi_kaigo/kaigo_
　　　koureisha/chiiki-houkatsu/,　2022 年 5 月 22 日）

共同生活介護（グループホーム）に対して「その知識・経験・人材等を生かして，在宅で生活する認知症の人やその家族への相談や支援を行うことを推進する」と言及されている。また，高齢者を対象とした入居型福祉施設の代表格である介護老人福祉施設には，「重度者向けの住まい」であるとともに，施設に集積されたケア資源を地域へ展開していくことが期待されている（地域包括ケア研究会　2014：38-39）。つまり，介護老人福祉施設の役割は，入居者へのケア提供に限定されるものではなく，地域包括ケアシステムの構築に向けた取り組みのなかで，地域社会に対して施設の機能を活用してサービスや支援を提供していく “地域のケア拠点” となることが含まれているのである。

　介護老人福祉施設の機能を活用した地域貢献活動への取り組みについては，地域社会との関係性という視点から検討していくことが求められる。そこで，この視点に着目した先行研究を概観してみると，地域住民と施設入居者の交流活動や地域住民を対象とした福祉教育・研修会の開催，地域行事の開催場所の提供など，介護老人福祉施設による地域貢献活動の実態に関する調査研究がいくつか報告されている（呉　2013；島崎ら

2015)。しかし，地域包括ケアシステムに内包された「施設・居住系サービス」の一つとしての位置づけにある介護老人福祉施設が，地域のなかでどのような役割を担っているのか，また，どのような専門的機能を活かして地域へのサービスや支援を提供しているのか，さらには，地域とどのように連携・協働しているのかについて多角的に検討を行い，見解を示している先行研究は非常に少ない。加えて，地域福祉の理論や実践モデルとの関係性の観点から言及された先行研究はほとんど見られない。

　そこで，本章では，介護老人福祉施設の機能を活用した地域貢献活動への取り組みの動向について，1970年代後半の地域福祉論における政策的かつ実践的に課題の一つとされた「施設の社会化論」，さらには2010年代の「なぎさの福祉コミュニティ論」（岡本榮一）との関係性に着目しつつ多角的に検討していくとともに，その取り組みにおける課題と今後の方向性を明らかにすることを目的とする。

2　介護老人福祉施設の概要

（1）　法的規定

　介護老人福祉施設は，介護保険法第8条第25項に規定された介護保険施設の一つであり，老人福祉法第20条の5に規定する特別養護老人ホーム（入居定員が30名以上であるものに限る）が，都道府県知事の指定を受けて介護老人福祉施設として運営されている[3]。つまり，措置ではなく契約による利用方式となるため，入居申込者またはその家族に対し，事前にサービスの内容や利用手続き，従業者の勤務体制などを記載した文書を交付して説明を行い，サービス提供の開始について入居申込者の同意を得なければならない（指定介護老人福祉施設の人員，設備及び運営に関する基準第4条第1項）。ただし，身体上または精神上著しい障害があるために常時の介護を必要とし，かつ居宅における介護が困難であり，やむを得

ない事由により介護保険法上の介護老人福祉施設への契約による入居が著しく困難であると認められるときは，市町村による老人福祉法上の特別養護老人ホームへの措置が行われている（第11条第1項第2号）。

（2）運営実態

　厚生労働省が実施した「令和3年介護サービス施設・事業所調査」によると，2021年10月現在，全国の介護老人福祉施設（地域密着型介護老人福祉施設を含む）の施設数は10,888施設である。また，図1-2に示すように，施設数は年々増加しており，2000年から2021年までの21年間で約2.4倍となっている。一方，要介護認定者数の増加等による入居申込者の待機問題への対応策として，2015年4月より，新規の入居者は原則として要介護3以上の者に限定され，在宅生活が困難な中・重度の要介護者の生活を支える施設としての機能の重点化が図られた（厚生労働統

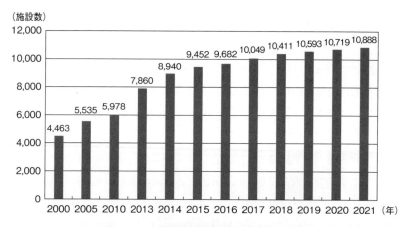

図1-2　介護老人福祉施設数の年次推移

注）2010年以降の数値は，介護老人福祉施設と地域密着型介護老人福祉施設の合計値である。

出所）厚生労働統計協会「国民の福祉と介護の動向 2022/2023」p.297，厚生労働省「令和3年介護サービス施設・事業所調査の概況」pp.1-3をもとに筆者作成。

計協会　2022：203）。そのため，図1-3に示すように，要介護3以上の
入居者の割合は，2000年10月時点では70.6%であったが，2020年9月
末現在では95.3%に達しており，中・重度の要介護者の割合が大きく上昇
していることが分かる（厚生統計協会　2002：303；厚生労働統計協会
2022：298）。また，図1-4に示すように，施設数の増加に比例して入居
定員も増加し続けており，その他の施設や高齢者向け住まいの入居定員と
比較しても多いことが分かる（内閣府　2023：33）。

　介護老人福祉施設の運営については，「指定介護老人福祉施設の人員，
設備及び運営に関する基準」（以下，「運営基準」とする）で規定されてい
る。この運営基準では，入居者一人ひとりの施設サービス計画の作成（第
12条）や介護（第13条），食事（第14条），相談及び援助（第15条），
社会生活上の便宜の提供等（第16条），機能訓練（第17条），健康管理
（第18条），苦情処理（第33条）など，入居者へのケアやサービス，支

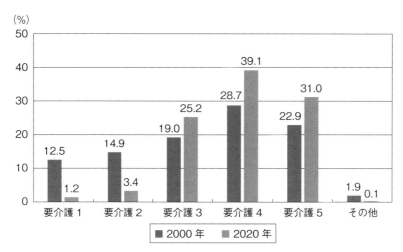

図1-3　介護老人福祉施設数入所者の要介護度の推移

出所）厚生統計協会編（2002）『国民の福祉の動向』p.303，厚生労働統計協会編
（2022）『国民の福祉と介護の動向 2022/2023』p.298をもとに筆者作成。

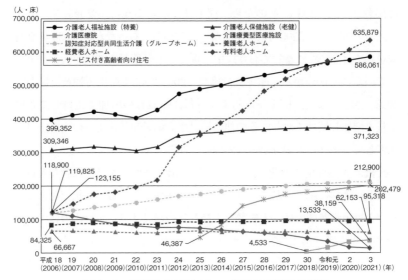

図 1-4 高齢者向け住まい・施設の定員数の推移

出所）内閣府（2023）「令和 5 年版高齢社会白書（全体版）」p.33.

※ 1：「認知症対応型共同生活介護（グループホーム）」については受給者数である。なお，平成 18 年以降は短期利用以外である。

※ 2：「サービス付き高齢者向け住宅」は，有料老人ホームに該当するもののみである。

援の提供に関する具体的な内容や留意点が示されるとともに，施設運営における地域の関係機関との密接な連携（第 1 条の 2 第 3 項），さらには地域住民等との交流（第 34 条第 1 項）について，それぞれ以下のように定めている。

〈第 1 条の 2 第 3 項〉

> 指定介護老人福祉施設は，明るく家庭的な雰囲気を有し，地域や家庭との結び付きを重視した運営を行い，市町村，居宅介護支援事業者，居宅サービス事業者，他の介護保険施設その他の保健医療サービス又は福祉サービスを提供する者との密接な連携に努めなければならない。

〈第34条第1項〉

> 指定介護老人福祉施設は，その運営に当たっては，地域住民又はその自発的な活動等との連携及び協力を行う等の地域との交流を図らなければならない。

　このように，介護老人福祉施設には，行政機関や民間の介護・福祉サービス事業者・施設，保健医療サービス事業者・機関等との密接な連携に努めるとともに，地域や家庭とのつながりをもち，地域住民との連携および相互協力しながら地域との交流を図ることが施策レベルで求められている。そして，介護老人福祉施設による地域貢献活動については，これらの規定に依拠した取り組みであるといえる。

3　介護老人福祉施設と地域社会との関係性

（1）　地域福祉論での介護老人福祉施設の位置づけ

　1970年代前半に地域福祉の概念が登場し，地域社会を対象とした新しい社会福祉実践のあり方が議論されるようになった。岡村重夫（1974：2）は，従来のケースワークを中心とした社会福祉サービスだけでは生活問題の解決に向けて不十分であり，人々の生活問題の発生場所である地域社会を直接的な援助対象とする社会福祉の方法として，ケースワークも含めた地域福祉という新しいアプローチが求められるようになったことが背景にあると述べている。また，地域福祉の概念を構成する要素（内容）として，地域組織化活動，予防的社会福祉とともにコミュニティ・ケアを取り上げている（岡村重夫　1974：62-64）。そして，コミュニティ・ケアについては「収容施設の機能を変更して，地域社会に開かれた施設として，地域社会サービスの一環として運営しようというのが，コミュニティ・ケアの思想であることを認識しなければならない」と指摘している（岡村重

夫　1974：105）。つまり，コミュニティ・ケアは，入居型福祉施設が有する機能を入居者へのケアのみに活用するのではなく，地域社会にも開放してサービスを広く提供していくことを包含した考え方である。これらの指摘を踏まえると，高齢者を対象とした代表的な入居型福祉施設である介護老人福祉施設についても，地域社会に開かれた施設として，地域福祉の概念を構成するコミュニティ・ケアのなかに位置づけられることになる。

　このようななか，1970年代後半から1980年代にかけて地域福祉サービス，特にショートステイ事業やデイサービス事業が制度化され，入居型福祉施設の機能の地域開放というかたちで拡大していくことになった（小笠原　1992）。実際のところ，入居型福祉施設の1階部分を開放してデイサービス事業，入居者用のフロアの一部を開放してショートステイ事業をそれぞれ実施している社会福祉法人は多い。筆者が実施した量的調査では，介護老人福祉施設の91.3％が短期入所生活介護，81.3％が通所介護の事業所をそれぞれ併設している（結果の詳細については，第4章の図4-1で取り上げている）。

　ただし，施設機能の地域開放は，施設から地域社会への地域福祉サービスの提供という一方向的な流れとしての側面が強く，地域社会から施設への流れ，すなわち自治会組織や団体など住民サイドから施設への流れを含めた双方向的な関係性のなかでの取り組みとしては十分なものではなかったといえる。

（2）　施設の社会化論（1970年代後半〜）の論点整理

　施設の社会化論は，1970年代後半より社会福祉の政策的かつ実践的な課題として取り上げられるようになった（井岡勉　1984：191-192）。その背景には，社会福祉施設が地域社会から切り離されて設置，運営される傾向にあり，閉ざされた状況におかれがちであったこと，そして，このような状況が施設利用者の社会的適応や社会復帰を妨げ，自主性や自立性を

損なわせていることへの反省があったことが多くの識者によって指摘されている（秋山智久　1978；大橋謙策　1978；井岡勉　1984：192 ほか）。

　まず，施設の社会化について，岡村重夫（1979）は「社会化の『社会』とは，その最も根源的には住民の日常生活の場としての地域社会である」と指摘している。つまり，施設の社会化とは，地域社会における施設の位置づけや役割，機能について視点を当てた議論であるといえる。次に，秋山智久（1978）は，施設の社会化について以下のように定義している。

社会福祉施設の社会化とは，社会保障制度の一環としての社会福祉施設が，施設利用者の人権保障，生活構造の擁護という公共性の視点に立って，その施設における処遇内容を向上させると共に，その置かれたる地域社会の福祉ニードを充足・発展させるために，その施設の所有する場所・設備・機能・人的資源などを地域社会に開放・提供し，また，地域社会の側からの利用・学習・参加などの働きかけ（活動）に応ずるという，社会福祉施設と地域社会との相互作用の過程をいう。

　そして，施設の社会化を促進させてきた力として以下の4点を指摘している。

①　従来の収容施設の隔離・保護から脱却して，社会復帰のために閉ざされた状況を拒否し始めた施設利用者とその家族

②　そのことを理論的にも認識し始め，さらに社会化されることが，施設利用者の治療・教育・援助などのためにも必要であることを実感し始めた施設関係者

③　社会変動の中の生活不安によって，社会資源としての社会福祉施設をみずからに引きつけて感じ始めた地域住民

④　これらの動向を感知し，または，先取りして，コミュニティ志向を始めた福祉行政

　ここでは，施設の社会化が「社会福祉施設と地域社会との相互作用の過程」とされていることが重要である。つまり，施設側からの一方向的な働きかけではなく，地域社会側からの働きかけ，すなわち地域社会からの施設への要望や提案などに応えていくことを含めた双方向的な関係性であり，連携や協働という視点で捉えていることである。加えて，施設の利用者（その家族）や関係者とともに，地域住民や福祉行政がその主体者であり（藤原　2009），地域社会全体が一体となって取り組むべきこととして捉えていることも重要である。

　また，井岡勉（1984：193-197）は，施設の社会化を促す社会的背景として「生活の社会化」の必要性が極めて高まってきたことを指摘している。これは，近代社会において核家族化や地域解体等が進むなかで，地域住民による生活の「自助」に限界が見えるようになってきたこと，そして，従来は家族が担っていた育児や介護などが困難な状況となりつつあるなか，地域住民が，家事労働の社会化として保育所や特別養護老人ホームなど社会的共同生活手段・サービスを提供する社会福祉施設の設置と充実を要求するようになり，それに対応する必要に迫られるなかで，施設の社会化が促されるようになったことを指摘している。

　さらに，三浦文夫（1978）は，社会福祉における「在宅処遇原則」，すなわち要援護者の処遇は，可能な限り在宅で行うという考え方が浸透していくなか，在宅福祉サービスをめぐる議論として，在宅の要援護者に対してどのように社会福祉サービスを提供していくのかということだけではなく，重度の心身上の障害があり，居宅での生活が困難な者に対して，在宅福祉サービスでは充足できない機能を展開していくという役割が社会福祉施設（収容施設）に求められると指摘している。そして，居宅の要援護者に在宅ケア・サービスを提供する方法として，直接的なサービス提供だけではなく，必要に応じて施設を媒介としたサービス提供を行うことが十分に考慮されてよいと述べており，施設機能の地域社会への展開を包含した

在宅福祉サービスの概念を提唱している。また，このことは，在宅ケアが困難となった場合の施設ケアという考え方ではなく，在宅ケアも施設ケアも要援護者にとって選択肢となるという，一体的かつ総合的な地域福祉体制を目指すことでもあるといえる（山縣文治　1993：160-161）。

（3）"なぎさ"の福祉コミュニティ論

　1980 年代中期からは，施設の社会化論に関する著書・論文や調査報告があまり見られなくなっている。岡本榮一（2008：199）は，「1984 年から 2006 年までにテキストとして発刊された 24 冊の「地域福祉論」を調べてみると，居住型福祉施設について全く書かれていないものが 9 冊，2 ～ 3 頁のスペースを使い，申し訳程度の記述があるものが 4 冊であった」と指摘し，この時期において日本の入居型福祉施設が「地域福祉論」から無視または軽視されていることを問題提起している。そして，入居型（居住型）社会福祉施設を舞台とするコミュニティ論として，"なぎさ"の福祉コミュニティ論を提唱した（岡本榮一　2008：196-219）。この理論は，1970 年代後半から 80 年代にかけて議論されてきた施設の社会化論と同じ文脈上にあることから，「第 2 次施設の社会化論」（岡本榮一　2010），「新たな社会福祉施設社会化論」（渡邉洋一　2013：151）として位置づけられている。このように，21 世紀に入ってから施設の社会化論が再燃したことの背景には，従来の施設の社会化論が施設サイドからの機能論的な展開に終始しており，実践主体である社会福祉施設側からの実践・事例研究が蓄積されなかったこと，また，施設の社会化論が，ややもすれば福祉コミュニティと関わる福祉原理・福祉思想に弱いこと，さらにはコーディネーションやリスクマネジメント的視点など具体的な機能が示されていないことなどの課題が残されていたためである（岡本榮一　2010；新崎国広　2012：247）。

　岡本榮一（2013：5）は，"なぎさ"の福祉コミュニティの概念につい

て，施設そのものに"なぎさ"という地域社会につながる「空間的な機能」
（なぎさ空間）を設けること，さらには，そこへ「地域社会関係論」を持
ち込むことで地域社会との"きずな"をつくろうとするものであると述べ
ている。そして，以下のように定義している。

> 特別養護老人ホームや児童養護施設などの福祉施設が，陸と海の間に展開
> されるなぎさのように，施設と地域社会の間に公共的な空間をつくり，そ
> こにおいて継続的・意図的な支えあいや交流活動を生み出し，ノーマルな
> 社会的・対人的な地域社会関係の創造をめざすことをいう。

　筆者は，岡本榮一を代表とする"なぎさ"の福祉コミュニティ研究会の
一員として調査研究に参加してきた。本研究では，まず，介護老人福祉施
設による地域住民を対象とした事業の実施状況を把握するための質問項目
の選定を目的として，事前に調査協力が得られた近畿地方の介護老人福祉
施設を対象に予備調査を実施した（神部　2008a）。そして，予備調査の
結果を踏まえて質問項目を精査したのち，"なぎさ"の福祉コミュニティ
の概念について科学的に検証することを目的として，近畿地方のすべて
の介護老人福祉施設（931施設）を対象とした「高齢者福祉施設とコミュ
ニティの関係に関する調査」（2007年10月）を実施した（神部　2008b；
新崎国広　2012：253-258）。本調査で用いた質問項目は，"なぎさ"の福
祉コミュニティ概念を構成する5つの下位概念（「空間的概念」「力動的
相互関係概念」「人的交流概念」「マネジメント概念」「施設の地域志向概
念」）で構成された合計28項目である[4]。回答選択肢は，「ほとんど実施
していない（1点）」「あまり実施していない（2点）」「ある程度実施して
いる（3点）」「「よく実施している（4点）」までの4段階スケールとし，
実施度が高いほど高得点となるように配点した（質問内容の違いにより，
「…参加している」「…対応している」など文末表現を一部変更している

場合もある）。

　本調査の結果，多くの介護老人福祉施設が建物や設備などを活用して「交流事業」や「介護サービス事業」を実施しているが，質問項目別でみると「施設の建物や設備の地域住民への開放」の実施度が低いこと，「福祉相談」や「福祉教育への協力」の実施度は高いが，地域住民の積極的な利用や参加にはむすびついていないことなどが明らかとなった。表1-1は，5つの下位概念ごとの質問項目とその得点の集計結果である

　また，“なぎさ”の福祉コミュニティ概念が，実際にはどのような下位構造になっているのかを検討するため，探索的因子分析（主因子法，プロマックス回転）を行った。その結果，“なぎさ”の福祉コミュニティ概念の5つの下位概念と探索的因子分析で抽出された5つの下位因子との関係性については表1-2，下位因子の因子間相関については表1-3に示すとおりとなった。

　探索的因子分析の結果，表1-2に示すように，“なぎさ”の福祉コミュニティ概念の5つの下位概念と抽出された5つの因子，すなわち地域住民を対象とした事業の実施状況の構造との間にはやや乖離が見られたものの，いくつかの有用な知見が得られた。第1に，因子1『施設機能の社会化』は「空間的概念」「力動的相互関係概念」「施設の地域志向概念」の3つの下位概念の質問項目で構成されており，かつ，表1-3に示すように，他の4因子との間に0.400〜0.695の高い因子間相関が示された。このことから，『施設機能の社会化』は，介護老人福祉施設による地域住民を対象とした実施事業における中核をなしていることが示唆された。第2に，地域に向けた介護サービス事業の実施や地域住民からの福祉相談への対応，福祉関係の講座・講演会の講師担当など『地域へのサービス提供』は，地域の福祉ニーズを発見し，適切に対応していくためにも重要であることが示唆された。第3に，外部訪問者の管理や施設入居者の個人情報保護，地域住民からの苦情などのリスク対応，地域のボランティアの受け

表 1-1　地域住民を対象とした事業の実施状況に関する集計結果

(n=434)

調査項目	平均値 (標準偏差)	下位領域
1. 交流事業の実施	2.55　(0.86)	空間的概念
2. 啓発・教育事業の実施	2.39　(1.02)	
3. 介護サービス事業（介護保険外を含む）の実施	2.81　(1.15)	
4. 施設の建物・設備の地域住民への開放	2.03　(1.04)	
5. 交流事業への地域住民の参加	2.49　(0.89)	力動的相互 関係概念
6. 啓発・教育事業への地域住民の参加	1.85　(0.95)	
7. 地域の講座や講演会などの講師として派遣	1.98　(1.02)	
8. 地域の各種福祉系団体の役員や指導者として活動	2.30　(1.02)	
9. 地域住民からの福祉に関する相談に対応	3.13　(0.83)	
10. 地域の児童・生徒を対象とした福祉教育に協力	2.98　(0.84)	
11. 地域住民向けの広報紙（パンフレット）を発行	2.38　(1.16)	
12. 地域貢献活動を実施	1.96　(0.93)	人的交流 概念
13. 施設入居者と地域住民との交流活動を実施	2.41　(0.90)	
14. 施設入居者が家族と関わりをもてるように工夫	3.28　(0.62)	
15. 災害時など緊急事態に備えて地域住民と協力	1.60　(0.86)	
16. ボランティアの受け入れ	3.25　(0.72)	マネジメン ト概念
17. ボランティア活動に対するマネジメントを実施	2.30　(0.95)	
18. ボランティア受け入れのための施設職員のスキルアップ	1.69　(0.81)	
19. 民間団体による助成金（最近 3 年間）	1.79　(0.88)	
20. 地域住民（個人）・団体による物品の寄付（最近 3 年間）	2.21　(0.92)	
21. 地域住民（個人）・団体から寄付金（最近 3 年間）	1.58　(0.87)	
22. 外部からの訪問者の管理	2.90　(0.78)	
23. 施設入居者の個人情報保護のための対策	3.07　(0.67)	
24. 施設が実施する事業で生じた対人・対物的事故に対応	3.31　(0.57)	
25. 地域住民からの苦情に対して迅速かつ適切に対応	3.20　(0.66)	
26. 基本理念のなかに地域住民の参加・交流について文章化	2.60　(1.02)	施設の地域 志向概念
27. 施設内で地域住民の参加・交流についての話し合い	2.12　(0.92)	
28. 地域住民の参加・交流を促進するための役割の遂行	2.40　(0.86)	

出所）神部智司（2008b）「なぎさの福祉コミュニティ概念の検証①－高齢者福祉施設とコミュニティの関係に関する調査研究」日本社会福祉学会第 56 回全国大会発表用資料（一部修正）。

表 1-2　"なぎさ"の福祉コミュニティ概念の下位概念と抽出された
　　　　　5 因子との比較

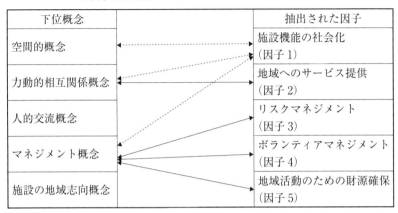

下位概念	抽出された因子
空間的概念	施設機能の社会化（因子 1）
力動的相互関係概念	地域へのサービス提供（因子 2）
人的交流概念	リスクマネジメント（因子 3）
マネジメント概念	ボランティアマネジメント（因子 4）
施設の地域志向概念	地域活動のための財源確保（因子 5）

出所）表 1-1 と同じ。
注）抽出された因子が 1 つの下位概念で構成されている場合は実線，複数の
　　下位概念で構成されている場合は点線で表している。

表 1-3　抽出された 5 因子の因子間相関

因子	1	2	3	4
1				
2	0.695			
3	0.441	0.354		
4	0.625	0.557	0.373	
5	0.400	0.385	0.160	0.293

出所）表 1-1 と同じ。

入れと活用，財源の確保と活用等のための「マネジメント」についても，
地域住民を対象とした事業の実施に係る重要な要素であることが示唆され
た。
　これらの分析結果および施設関係者との意見交換等を踏まえて，岡本
榮一（2013：6-10）は，なぎさの福祉コミュニティの性格（概念）を以

下の5つに整理している。

① 施設機能のなぎさ化（公共空間的な性格）

　介護・治療・交流・学習・相談などの施設の諸機能が地域社会にも開かれ，入所者主体の原則に立ちつつ，なぎさ的空間の創造を通して，入所者のみならず，地域住民双方に利益がもたらされること。また，そのことが，施設の運営方針として謳われ，実施されていること。

② 交流と支え合いのなぎさ化（相互関係的な性格）

　なぎさ空間を舞台にして，身体的のみならずメンタルな面でも，専門的，非専門的な支えあいが行われること。

③ 自己実現のなぎさ化（教育的な性格）

　なぎさの創造として，地域住民と施設利用者の人間的な相互交流が行われ，そのことによって自己実現が結果されている。

④ 育ちあいのなぎさ化（実存的な性格）

　なぎさ空間を舞台にして，支え合いや交流活動，あるいは学習機会を通して，福祉文化，自治のありかた，人間尊重，介護，対人関係などの自立のスキルなどを体得し，主体的な一市民として学び，かつ成長すること。

⑤ 専門的支援のなぎさ化（アドミニストレーション的な性格）

　以上挙げた施設における「なぎさの福祉コミュニティ」の豊かな創造は，「施設アドミニストレーション（運営）」と深く関わる。このアドミニストレーションはすなわち，「なぎさ」の営みにおける運営のマネジメント化とでもいい得るもので，それは「施設コミュニティソーシャルワーカー」の設置を新たに要請する。

　つまり，社会福祉施設が "なぎさ" という公共空間で施設の機能を活かした活動や支援を展開しながら地域社会との関係を形成していくこと，また，そのプロセスにおいて施設関係者と地域住民がともに学びあい，成長することにつながるプログラムの提供を通して人間の尊厳を育んでいく

こと，そして，このような施設の諸機能を活かした活動や支援を行うために，施設のコミュニティソーシャルワーカー（CSW）を中心とした福祉専門職がソーシャル・アドミニストレーション（運営）の専門性を発揮していくことであるといえる[5]。

4　地域包括ケアシステムにおける介護老人福祉施設の役割と機能

　地域包括ケアシステムが提唱されて以降，社会福祉施設と地域社会との関係性が注目されるなかで社会福祉法人による社会貢献活動が議論されるようになり，その具体的な方策や実践例が示されるようになった（奥西　2016）。そこで，介護老人福祉施設を経営している社会福祉法人が，第一義的な目的である入居者へのケアとともに，地域の社会資源としてどのようなことに取り組んでいるのかについて着目していく。

（1）　介護老人福祉施設の機能の地域展開
　地域包括ケア研究会は，2014年に発表した報告書のなかで，地域包括ケアシステムにおける介護老人福祉施設の位置づけについて「介護老人福祉施設は、『重度者向けの住まい』として引き続き重度の要介護者を受け入れ，必要に応じて医療サービスを外部から提供しながら，専門的な介護サービスを効率的かつ効果的に提供する場としての活用も期待される」との見解を示している（地域包括ケア研究会　2014：39）。このようななか，介護老人福祉施設への新規入居者については，2015年4月より原則として要介護3以上の人に限定されることになり，「重度者向けの住まい」としての役割がよりいっそう強化されることになった。
　しかし，これは軽度者の住まいが「自宅」であり，重度者の住まいが「施設」であるという単純な役割分担を意味するものではない。高齢者人

口の増加に比例して重度の要介護高齢者の数が増加し続けていけば，やがて要介護3の人の施設入居も困難になるかもしれない。そのため，施設に集積された専門的機能を在宅の要介護者に向けていくこと，たとえば，施設が訪問型や通所型のサービスに携わることによって，在宅の要介護者が重度化することを予防し，あるいは重度の要介護状態になっても可能な限り自宅で暮らし続けられることが目指されなければならない。

　宮島（2017：41-42）は，施設と同等の「住まい」「介護」「看護」「生活支援」を提供するための拠点を地域のなかに整備することによって，当該地域における施設入居者の平均要介護度が全国平均よりもかなり高くなったことを報告している。もちろん，このような施設機能の地域展開に向けた取り組みにおいては，専門職の人材育成と拠点となる場所の確保，そして設備等の充実が重要な課題となる。

　また，渡邉洋一（2013：153-154）は，社会福祉施設の経営状況について，これまでの入居型を中心とした単一機能の福祉施設が，利用型やコミュニティ型の福祉施設を複数経営するという形態，また，一か所の福祉施設に利用型の社会福祉施設や事業を付加した形態としての「一法人複数施設経営化・多機能化」へと変化していると指摘している。介護老人福祉施設においても，訪問型や通所型，利用型のサービス施設・事業所，地域包括支援センターなどの相談機関，コミュニティセンターなどを併設した総合施設やサテライト型の施設が増加しつつある。

　これらのことから，介護老人福祉施設に集積された専門的機能を活かすことができるケア拠点を地域のなかに形成し，そこに人材や設備等を集約させて多様なサービスを整備していくことで，介護老人福祉施設が入居者のみならず，在宅高齢者に対しても専門性の高いケアを提供する地域の社会資源となることが重要と考えられる。

（2）　地域マネジメントの機能強化

　地域包括ケア研究会は，自治体が地域包括ケアシステムの構築を推進するための具体的な手法として地域マネジメントを取り上げている。同研究会が2016年3月に発表した報告書によると，地域マネジメントとは「地域の実態把握・課題分析を通じて、地域における共通の目標を設定し，関係者間で共有するとともに，その達成に向けた具体的な計画を作成・実行し，評価と計画の見直しを繰り返し行うことで，目標達成に向けた活動を改善する取組」と定義されている（地域包括ケア研究会　2016：4-5）。

　地域包括ケアシステムの推進は，介護保険法第5条第3項に規定されているように，保険者である自治体（市町村）の責務であり，地域が目指す理念や目標とともに，その進捗を評価するための具体的な方法や指標を設定して介護保険事業計画のなかに盛り込むことにより，自治体はその責務を担っていくことになる（地域包括ケア研究会　2016：18）。一方で，このようなPDCAサイクルでの地域マネジメントで必要不可欠となる取り組みについては，自治体の介護保険法上の業務（法定業務）ではないため，後回しにされる場合が少なくないこと，また，介護保険事業計画の策定についても，地域包括ケアシステムを構築していく際に必要となる取り組みのごく一部にすぎないことが指摘されている（地域包括ケア研究会　2016：29）。このことについて，地域の目標達成に向けた活動の担い手は地域のさまざまな社会資源であること，そして，介護老人福祉施設には集積されたケア資源があることに鑑みて，その有する専門性や多職種からなる施設職員の職能連携等を発揮することにより，地域の社会資源のネットワークのなかで力量の高い社会資源として存在していく可能性が極めて強く（西元　2016），また，それゆえに地域マネジメントのなかで果たすべき役割も大きいのではないかと考えられる。

　奥西（2016）は，施設による地域マネジメントについて，「地域資源と

しての『施設』が，所在する地域の在宅高齢者や家族介護者，地域住民，関係機関，組織団体に対して働きかけ，地域社会全体で高齢者ケアのあり方と仕組みを形成していく試み」と説明している。つまり，介護老人福祉施設が地域ケアの拠点として機能していくことは，自治体による地域マネジメントの機能強化にも寄与することが考えられる。そのためには，介護老人福祉施設は地域の社会資源のネットワーク化と同時に，自治体との連携強化にも取り組んでいくことが必要であろう。

5 小　　括

　本章では，介護老人福祉施設による地域貢献活動の基盤としての考え方となる施設の社会化論（1970年代後半〜80年代）や"なぎさ"の福祉コミュニティ論（2008年〜）の論点整理を行うことにより，介護老人福祉施設が有する機能を活用した地域貢献活動への取り組みに関する検討を行ってきた。地域包括ケアシステムの実現に向けた政策が掲げられ，そのための取り組みが進められているなか，介護老人福祉施設には，このシステムに内包された社会資源，すなわち地域包括ケアの担い手として，その有する機能を地域社会のなかで積極的に展開していくことによる「地域包括ケアの底支え」（白澤政和　2013：144-146）としての役割を担うことが求められる。そのためには，介護老人福祉施設が従来の施設運営管理という閉ざされた考え方ではなく，施設が有する種々の機能を地域に展開するという開かれた考え方を持つことが必要となる（宮島　2016：97-100）。

　一方で，介護老人福祉施設による地域貢献活動への取り組みを推進していくためには，その拠点となる場（空間）を形成するとともに，専門性の高い人材を育成し，確保していくこと，そして，地域の特性等に応じて適切なサービスの提供方法を選択することが必要不可欠である。これらの

課題については，行政機関や地域のフォーマル，インフォーマルな社会資源が，地域ケア会議の開催等によって有機的な連携を図りながら取り組んでいくことが重要である。

〈注〉
1) 「認知症対応型共同生活介護」（グループホーム）とは，要介護者であって認知症である者について，その共同生活を営むべき居住において，入浴，排せつ，食事等の介護その他の日常生活上の世話および機能訓練を行うことをいう（介護保険法第 8 条第 20 項）。
2) 「特定施設入居者生活介護」とは，特定施設に入居している要介護者に対して，入浴や排せつ，食事等の介護その他の日常生活上の世話，機能訓練および療養上の世話を行うことをいう（介護保険法第 8 条第 11 項）。なお，入居定員が 29 名以下であるものを地域密着型特定施設といい，上記の世話を行うことを「地域密着型特定施設入居者生活介護」という。
3) 入居定員が 29 名以下の特別養護老人ホームについては，地域密着型サービスの一つである「地域密着型介護老人福祉施設」として規定されている（介護保険法第 8 条第 22 項）。また，「地域密着型介護老人福祉施設」に入居する要介護者に対し，地域密着型施設サービス計画に基づいて入浴，排せつ，食事等の介護その他の日常生活上の世話，機能訓練，健康管理及び療養上の世話を行うことを「地域密着型介護老人福祉施設入所者生活介護」という。
4) 本調査で用いた "なぎさ" の福祉コミュニティ概念を構成する 5 つの下位概念（「空間的概念」「力動的相互関係概念」「人的交流概念」「マネジメント概念」「施設の地域志向概念」）の内容については，岡本榮一（2008）「なぎさ型福祉コミュニティ論─居住型福祉施設と地域社会の新しい関係の構築に向けて─」『しなやかに、凛として今、「福祉の専門職」に伝えたいこと（橋本泰子退任記念論文集）』中央法規，211-216. で詳しく紹介されている。
5) 施設のコミュニティソーシャルワーカー（以下，施設 CSW とする。）による取り組みの具体例として，大阪府社会福祉協議会老人福祉部会による「地域貢献事業」があげられる。本事業は，各高齢者福祉施設に配置された施設 CSW が，地域の要支援者に対する相談活動を通して心理的不安の軽減，利用可能な制度への仲介，また必要に応じて経済的援助等を行うことを目的としている（「老人福祉施設における社会貢献事業実施要綱（2004 年）」）。施設 CSW の実践事例については，大山奉紀（2008）「高齢

者福祉施設における施設コミュニティソーシャルワーカーの役割と可能性」『発達人間学論叢（大阪教育大学発達人間福祉学講座）』12, 17-25. で詳しく取り上げられている。

〈文献〉

秋山智久（1978）「「施設の社会化」とは何か ― その概念・歴史・発展段階」『社会福祉研究』23, 39-44.

新崎国広（2012）「第13章　岡村地域福祉論となぎさの福祉コミュニティの展開」右田紀久恵・白澤政和監修，牧里毎治・岡本榮一・高森敬久編著『岡村理論の継承と展開② 自発的社会福祉と地域福祉』ミネルヴァ書房，245-260.

地域包括ケア研究会（2014）「地域包括ケアシステムを構築するための制度論等に関する調査研究事業報告書」三菱 UFJ リサーチ＆コンサルティング.

地域包括ケア研究会（2016）「地域包括ケアシステムと地域マネジメント」三菱 UFJ リサーチ＆コンサルティング.

藤原慶二（2009）「地域社会と社会福祉施設のあり方に関する一考察 ―「施設の社会化」の展開と課題」『関西福祉大学社会福祉学部研究紀要』12, 27-33.

井岡勉（1984）「第8章　地域福祉と施設の社会化」右田紀久恵・井岡勉編著『地域福祉 ― いま問われているもの』ミネルヴァ書房，191-207.

神部智司（2008a）「高齢者福祉施設とコミュニティの関係に関する調査研究 ― "なぎさ" の福祉コミュニティ概念の検証に向けた予備的調査 ―」『大阪社会福祉士』14, 17-22.

神部智司（2008b）「なぎさの福祉コミュニティ概念の検証① ― 高齢者福祉施設とコミュニティの関係に関する調査研究」日本社会福祉学会第56回全国大会発表用資料.

高齢者介護研究会（2003）「2015年の高齢者介護：高齢者の尊厳を支えるケアの確立に向けて～高齢者介護研究会報告書～」法研.

厚生労働省（2022）「令和3年介護サービス施設・事業所調査の概況」1-3. （https://www.mhlw.go.jp/toukei/saikin/hw/kaigo/service21/index.html, 2022年5月22日）

厚生労働省「地域包括ケアシステム」 （https://www.mhlw.go.jp/stf/seisakunitsuite/bunya/hukushi_kaigo/kaigo_koureisha/chiiki-houkatsu/, 2022年5月22日）

厚生労働省認知症施策検討プロジェクトチーム（2012）「今後の認知症施策の方向性について」1-26.

厚生労働統計協会（2022）『国民の福祉と介護の動向2022／2023』厚生労働統計協会.

厚生統計協会（2002）『国民の福祉の動向』厚生統計協会.

三浦文夫（1978）「社会福祉サービスにおける在宅サービスの若干の課題 ― 在宅福祉サービスの概念を中心に ― 」『社会福祉研究』23，9-14.

宮島渡（2017）「社会福祉法人に期待される役割　求められる地域貢献とソーシャルワーク教育との連携」『第 47 回全国社会福祉教育セミナー　北海道 2017 要旨集』日本ソーシャルワーク教育学校連盟事務局，41-42.

宮島渡（2016）「第 II 部第 2 章　高齢者福祉事業における地域福祉戦略」全国社会福祉法人経営者協議会監修，河幹夫・菊池繁信・宮田裕司・森垣学編著『社会福祉法人の地域福祉戦略』生活福祉研究機構，97-100.

内閣府（2023）「令和 5 年版高齢社会白書（全体版）」33.

西元幸雄（2016）「地域包括ケアにおける特別養護老人ホームの役割」『日本認知症ケア学会誌』15（1），47-48.

小笠原祐次（1992）「地域福祉の新展開と福祉施設の新たな課題」『社会福祉研究』55，34-40.

呉世雄（2013）「介護老人福祉施設の地域貢献活動の実施に影響を及ぼす要因」『日本の地域福祉』26，65-77.

大橋謙策（1978）「施設の社会化と福祉実践 ― 老人福祉施設を中心に ― 」『社会福祉学』19，49-59.

大山奉紀（2008）「高齢者福祉施設における施設コミュニティソーシャルワーカーの役割と可能性」『発達人間学論叢（大阪教育大学発達人間福祉学講座）』12，17-25.

岡本榮一（2008）「なぎさ型福祉コミュニティ論 ― 居住型福祉施設と地域社会の新しい関係の構築に向けて ― 」『しなやかに、凛として　今、「福祉の専門職」に伝えたいこと（橋本泰子退任記念論文集）』中央法規，196-219.

岡本榮一（2010）「なぎさの福祉コミュニティと地域社会関係論 ― 入所型福祉施設の地域福祉論への復権 ― 」『地域福祉研究』38，77-87.

岡本榮一（2013）「第 1 章　なぎさの福祉コミュニティとは何か」岡本榮一監修，新崎国広・守本友美・神部智司編著（2013）『なぎさの福祉コミュニティを拓く ― 福祉施設の新たな挑戦 ― 』大学教育出版，2-17.

岡村重夫（1974）『地域福祉論』光生館.

岡村重夫（1979）「「施設社会化」の問題点」『月刊福祉』62（1），18-23.

奥西栄介（2016）「介護保険施設による地域生活支援とケアマネジメント」『ケアマネジメント学』15，15-19.

島崎剛・竹下徹・田島望（2015）「特別養護老人ホーム職員から見た地域貢献活動の有効性〜テキストマイニングによる探索的検討〜」『地域福祉実践研究』6，39-47.

白澤政和（2013）『地域のネットワークづくりの方法 ― 地域包括ケアの具体的な展開』中央法規，144-146.

渡邉洋一（2013）『コミュニティケアと社会福祉の地平 ― 社会サービス法という到達点』相川書房，151-154.

山縣文治（1993）「Ⅱ-4章 地域福祉の時代における社会福祉施設」右田紀久恵編著『自治型地域福祉の展開』法律文化社，149-163.

第**2**章

社会福祉法人制度の見直しと介護老人福祉施設に よる地域貢献活動

1 本章の目的

　2016年4月より，社会福祉法人の責務として「地域における公益的な取組」の実施が規定された（社会福祉法第24条第2項）。これは，社会福祉法人が社会福祉事業および公益事業を行うにあたり，日常生活または社会生活上の支援を必要とする者に対して，無料または低額な料金で福祉サービスを積極的に提供するというものである。また，公益性と非営利性を基本的な性格とし，社会福祉法人が社会福祉事業に係る福祉サービスの供給を確保するとともに，既存制度の対象とならないサービスに対応するという法人の本旨から導かれる役割の明確化を目的としている（社会保障審議会福祉部会　2015a）。

　第1章で言及したように，社会福祉法人は「地域における公営的な取組」が規定される以前より，地域の実情を踏まえつつ，自主性や創意工夫のもとに多様な地域貢献活動に取り組んでおり，その実践事例についても多数報告されている（全国社会福祉法人経営者協議会　2016a）。また，2000年6月の社会福祉法の改正で規定された「地域福祉の推進」（第4条）では，社会福祉法人など社会福祉を目的とする事業を経営する者が，地域住民等と相互に協力しながら地域福祉の推進に努めなければならない

としている[1]。しかし，このような状況のなかで新たに「地域における公益的な取組」が規定されたことの経緯について着目してみると，2011 年に社会福祉法人の内部留保，すなわち利益剰余金の貯め込みが報道されたことが重要な契機となっている（社会福祉法人の在り方等に関する検討会　2014）。この報道を受けて，社会福祉法人への補助金の交付や税制優遇などに対する社会的な批判が集中し，社会福祉法人と営利法人等の競争条件を均等にするという経営主体間のイコールフッティングの確立を求める議論が沸き起こり，社会福祉法人制度の見直しが求められるようになった（社会福祉法人の在り方等に関する検討会　2014）。そして，このような動きのなかで，社会福祉法人制度の見直しに向けた 5 つの方向性として「経営組織のガバナンスの強化」「事業運営の透明性の向上」「財務規律の強化」「行政の関与の在り方」とともに提起されたことの一つが「地域における公益的な取組を実施する責務」である（図 2-1）。

　社会福祉法人が地域で公益的な活動に取り組むことは，法人が所有する資産等を活用して地域に向けたサービスや支援を積極的に展開していくことを意味している。たとえば，介護老人福祉施設を経営する社会福祉法人の場合，施設の建物や設備，人材（介護職員や看護師，生活相談員，介護支援専門員など）が有する専門的機能を活かして，地域住民との交流活動や関係機関とのネットワークづくりなどに取り組むことである。第 1 章で取り上げたように，介護老人福祉施設の多くは，措置制度下の 1970 年代後半より地域に向けてさまざまな活動に取り組んでいるが，近年の「地域包括ケアシステム」の実現に向けた政策的動向のなかで，介護老人福祉施設には多様な専門的機能を兼ね備えた「地域福祉の活動拠点」となることが強く期待されている（地域包括ケア研究会　2014）。そのため，介護老人福祉施設を経営する社会福祉法人による「地域における公益的な取組」について，その政策的な位置づけなどの観点を含めた多角的な検討を行うことが必要である。

社会福祉法人制度の改革（主な内容）

○　公益性・非営利性を確保する観点から制度を見直し，国民に対する説明責任を果たし，地域社会に貢献する法人の在り方を徹底する。

1．経営組織のガバナンスの強化 □　理事・理事長に対する牽制機能の発揮 □　財務会計に係るチェック体制の整備	○　議決機関としての評議員会を必置　※理事等の選任・解任や役員報酬の決定など重要事項を決議 　　（注）小規模法人について評議員定数に係る経過措置を設ける。 ○　役員・理事会・評議員会の権限・責任に係る規定の整備 ○　親族等特殊関係者の理事等への選任の制限に係る規定の整備 ○　一定規模以上の法人への会計監査人の導入　等
2．事業運営の透明性の向上 □　財務諸表の公表等について法律上明記	○　閲覧対象書類の拡大と閲覧請求者の国民一般への拡大 ○　財務諸表，現況報告書（役員報酬総額，役員等関係者との取引内容を含む。），役員報酬基準の公表に係る規定の整備　等
3．財務規律の強化 ①　適正かつ公正な支出管理の確保 ②　いわゆる内部留保の明確化 ③　社会福祉事業等への計画的な再投資	①　役員報酬基準の作成と公表，役員等関係者への特別の利益供与を禁止　等 ②　純資産から事業継続に必要な財産（※）の額を控除し，福祉サービスに再投下可能な財産額（「社会福祉充実残額」）を明確化 　　※①事業に活用する土地，建物等②建物の建替，修繕に必要な資金③必要な運転資金④基本金，国庫補助等特別積立金 ③　再投下可能な財産額がある社会福祉法人に対して，社会福祉事業又は公益事業の新規実施・拡充に係る計画の作成を義務づけ（①社会福祉事業，②地域公益事業，③その他公益事業の順に検討）　等
4．地域における公益的な取組を実施する責務 □　社会福祉法人の本旨に従い他の主体では困難な福祉ニーズへの対応を求める	○　社会福祉事業又は公益事業を行うに当たり，日常生活又は社会生活上支援を要する者に対する無料又は低額の料金で福祉サービスを提供することを責務として規定 　　※利用者負担の軽減，無料又は低額による高齢者の生活支援等
5．行政の関与の在り方 □　所轄庁による指導監督の機能強化 □　国・都道府県・市の連携を推進	○　都道府県の役割として，市による指導監督の支援を位置づけ ○　経営改善や法令遵守について，柔軟に指導監督する仕組み（勧告等）に関する規定を整備 ○　都道府県による財務諸表等の収集・分析・活用，国による全国的なデータベースの整備　等

図2-1　社会福祉法人制度の改革（主な内容）
出所）厚生労働省　（2017）「社会福祉法人制度改革について」p.3.

　そこで，本章では，社会福祉法人制度の見直しにおける柱の一つとなっている「地域における公益的な取組」に関する政策的動向の観点から，介護老人福祉施設が地域貢献活動に取り組むための課題と方向性について検討していくことを目的とする。

2　社会福祉法人制度の見直しに向けた検討と社会福祉法改正までの流れ

（1）　内部留保と経営主体間のイコールフッティング

　前述したように，社会福祉法人の内部留保，すなわち利益剰余金の存在が2011年に報道された。具体的には，施設を経営する社会福祉法人が

毎年の収支差額の黒字を蓄積しているにもかかわらず，新たな福祉ニーズに応えるための事業の拡大など社会への還元に対して消極的であることが多いと論じられている（『日本経済新聞』2011 年 7 月 7 日）。また，2013 年には，介護老人福祉施設 1 施設あたり平均 3.1 億円もの内部留保があることが報道されている（『日本経済新聞』2013 年 5 月 21 日）。

　このように，社会福祉法人が非営利組織として補助金の交付や税制優遇を受けていながら，巨額の利益剰余金を貯めていることが報道され，営利法人等からの厳しい指摘が相次いだ。このことを受けて，政府は有識者による会議を開催し，内部留保の問題と経営主体間のイコールフッティングに関する検討を重ねてきた。以下，その主たる内容を公表年月順に取り上げていく。

① 　規制改革会議「介護・保育事業等における経営管理の強化とイコールフッティング確立に関する論点整理」（2013 年 12 月 20 日）

　規制改革会議（内閣府の諮問機関，以下同じ）が提出した資料「介護・保育事業等における経営管理の強化とイコールフッティング確立に関する論点整理」（2013 年 12 月 20 日）のなかで，経営主体間のイコールフッティングが論点の一つとして提示されている。具体的には，介護・保育分野は営利法人と非営利法人が共存して同種のサービスを提供する特殊な市場であり，多様な経営主体がサービスの質を競い合っているが，利用者の利便性を向上させるためには経営主体間のイコールフッティングを確立すべきであると指摘している。

　また，介護老人福祉施設などの施設については，経営主体が社会福祉法人等に限定されているため，多様な経営主体が参入できるように規制緩和を図るべきであるとしている。

② 　財政制度等審議会「財政健全化に向けた基本的考え方」（2014 年 5 月 30 日）

　財政制度等審議会（財務省の諮問機関）提出した資料「財政健全化

に向けた基本的考え方」（2014 年 5 月 30 日）では，社会福祉法人が税制面などで優遇されていることについて言及するとともに，契約利用制度下にある介護老人福祉施設を経営する社会福祉法人の内部留保とその活用について「介護職員の処遇改善が求められているのであれば，まずは社会福祉法人等において内部留保を活用し，処遇改善を図っていく方策を講ずるべきである」と指摘している。

③規制改革会議「規制改革実施計画」（2014 年 6 月 24 日閣議決定）

　規制改革会議が提出した「規制改革実施計画」（2014 年 6 月 24 日閣議決定）では，「内部留保の位置づけを明確化し，福祉サービスへの再投資や社会貢献での活用を促す」とともに，「すべての社会福祉法人に対して社会貢献活動の実施を義務付ける」「社会貢献活動の定義の明確化や会計区分の整備，社会貢献活動への拠出制度の創設などの検討を行う」ことを指摘している。

④税制調査会「法人税の改革について」（2014 年 6 月 27 日）

　税制調査会（内閣府の諮問機関）が発表した資料「法人税の改革について」（2014 年 6 月 27 日）では，公益法人等に対する課税の見直しについて，「特に介護事業のように民間事業者との競合が発生している分野においては，経営形態間での課税の公平性を確保していく必要がある」と指摘している。

　以上のように，政府が厳しい財政事情におかれているなかで①社会福祉法人に多額の内部留保があることが問題視されるとともに，それを職員の処遇改善や社会貢献活動のための拠出に充てること，また，営利法人等とのイコールフッティングを確立することに焦点を当てた議論が展開されてきた。しかし，社会保障審議会介護給付費分科会（2013）は，2012 年 9 月〜12 月に実施した調査の集計結果から，社会福祉法人が経営する介護老人福祉施設 1 施設当たりの内部留保額の分布に着目した場合，平均額

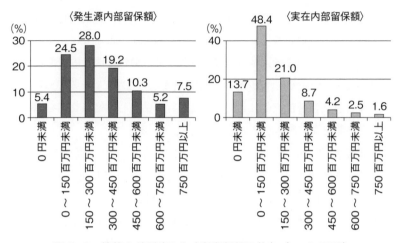

図2-2 特養1施設当たり内部留保額の分布 (n=1,662)

注) 発生源内部留保額は内部留保の源泉で捉えた「賃借対照表の貸方に計上されている内部資金」，実在内部留保額は内部資金の蓄積額のうち，現在，事業体内に未使用資産の状態で留保されている額（減価償却により，蓄積した内部資金も含む）である。

出所) 厚生労働省介護給付費分科会介護事業経営調査委員会 (2013)「特別養護老人ホームの内部留保について」p.10.

（約3.1億円）を大きく上回る施設が一部存在する一方で，平均額以下の施設も多くみられるなどバラツキがあること（図2-2)，また，定員規模が大きく，開設後の経過年数が長い施設で内部留保額が大きい傾向が見られることを報告している。これは，単に1施設当たりの平均額でもって，内部留保の問題を一律的に捉えて議論することに大きな問題があることを意味している。

　さらに，独立行政法人福祉医療機構（WAM）は，2015年12月に公表した報告書「平成26年度特別養護老人ホームの経営状況について」のなかで，介護老人福祉施設（特別養護老人ホーム）の27.3%は経常増減差額がマイナス（赤字）であること（表2-1)，また，定員規模が小さい施設で赤字割合が高い傾向にあることを報告している。つまり，すべての介護

表 2-1　平成 26 年度 特養 黒字施設と赤字施設の収支状況

区　分		黒字 n＝2,277	赤字 n＝853	差 黒字－赤字
特養入所定員数	人	71.5	60.8	10.7
特養入所利用率	%	96.1	94.9	1.2
短期入所利用率	%	84.7	77.3	7.4
定員 1 人 1 日当たりサービス活動収益	円	12,206	11,959	247
入所者 10 人当たり従事者数	人	6.77	7.30	Δ0.53
人件費率	%	60.5	69.3	Δ8.7
従事者 1 人当たり人件費	千円	3,981	4,140	Δ159

区　分	H25 年度	H26 年度	増減 H26-H25
赤字施設の割合	26.3%	27.3%	1.0

出所）独立行政法人福祉医療機構（2015）「平成 26 年度 特別養護老人ホームの経営状況について」p.10.

　老人福祉施設に巨額の内部留保があるわけではなく，実際には，経営に苦慮している施設が少なくない状況にあることが示唆される。加えて，卯尾（2016）が指摘しているように，政府は，施設職員の待遇（給与）面の改善について言及することなく内部留保の問題を捉えており，内部留保の使途として施設職員の待遇（給与）を改善することには目が向けられていないとも受け止められる。このような状況のなかで，営利法人等とのイコールフッティング論が展開され続けてきたことになる。

　もちろん，このような状況において検討されるべき課題は少なくない。社会福祉法第 24 条の「経営の原則等」に規定されているように，社会福祉法人には，社会福祉事業の主たる担い手としてふさわしい事業を確実，効果的かつ適正に実施するための経営基盤を強化するとともに，事業経営の透明性を確保していく必要がある。また，地域のニーズに対応した

多様な事業や活動に取り組んでいることを地域住民，ひいては国民に広く情報公開し，社会的信用を高めていかなければならない。このような背景から，社会福祉法人制度の見直しが求められるようになったといえよう。

（2）　社会福祉法人制度の見直しの論点および社会福祉法改正

　まず，2014 年 7 月に社会福祉法人のあり方等に関する検討会が「社会福祉法人制度の在り方について」を公表している。この報告書では，社会福祉法人制度を取り巻く状況や課題が整理されるとともに，そこから導かれる社会福祉法人制度の見直しの論点として「地域における公益的な活動の推進」「法人組織の体制強化」「法人の規模拡大・協働化」「法人運営の透明性の確保」「法人の監督の見直し」の 5 点を取り上げている。これらの論点のうち，「地域における公益的な活動の推進」については，以下の 3 点を取り上げている。

①　社会福祉法人が地域の多様な福祉ニーズに対して積極的に取り組めるようにするための環境を整えつつ，地域における公益的な活動を法律上義務づける。

②　法人単独で行う方法だけでなく，複数の法人が活動資金を拠出し合ったり，一体的な組織を構成することなどにより事業を展開する。

③　地域住民を対象にして活動するボランティアや NPO 等の公益法人を支援しながら連携して取り組む。

　また，2015 年 2 月に社会保障審議会福祉部会が「社会保障審議会福祉部会報告書～社会福祉法人制度改革について～」を公表している（社会保障審議会福祉部会　2015a）。この報告書では，社会福祉法人制度の見直しにおける基本的な視点として，1）公益性・非営利性の徹底，2）国民に対する説明責任，3）地域社会への貢献の 3 点が示されるとともに，「地域における公益的な取組」については，社会福祉法人がその本旨にしたがっ

て実施する責務を有すること，また，内部留保については，その実態を明らかにするとともに「地域における公益的な取組」を含む福祉サービスに計画的に再投下していく仕組みを導入する必要があると論じている。

　さらに，2016年4月より「地域における公益的な取組」の実施が社会福祉法人の責務として法的規定されたことに合わせて，全国社会福祉法人経営者協議会が「社会福祉法人アクションプラン2020［平成28年度―平成32年度「中期行動計画」］」を公表している（全国社会福祉法人経営者協議会　2016a）。このプランでは，行動指針の一つとして掲げられた「地域における公益的な取組の推進」における実践上のポイントとして，以下の5点が示されている。

① 実施している事業が地域のニーズとマッチしているかについて確認すること

② 低所得者に配慮した取り組みを実施すること

③ 困難事例に積極的に取り組むこと

④ 地域の多様な社会福祉援助ニーズを把握できる体制を整備し，多様な相談に応じる機能や，自組織では対応困難なケースを適切な機関につなぐ機能を有していること

⑤ 多様な主体と連携・協力していくこと

　社会福祉法人には，これらのポイントを着実に踏まえた実践が問われているとともに，その実践が地域共生社会の実現に向けた地域づくりに向けられてことについて，地域の関係機関とのネットワークのなかで定期的に検証していかなければならないであろう。

3　社会福祉法人の「地域における公益的な取組」と地域貢献活動の関係

　社会福祉法の改正に伴い，厚生労働省は，社会福祉法人の「地域における公益的な取組」に対する解釈とともに，その実施にあたり留意すべき事項などを示した通知を 2015 年，2016 年，2018 年，2022 年に提出している。以下，その主な内容について取り上げていく。

（1）「社会福祉法人の『地域における公益的な取組』について」（2015 年 4 月 17 日通知）

　2015 年 4 月 17 日の通知では，社会福祉法人が「社会福祉事業に係る福祉サービスの供給確保の中心的役割を果たすだけでなく、既存の制度の対象とならないサービスに対応していくこと」を本旨とすることが明示されるとともに，営利企業等の事業主体では対応が困難な福祉ニーズに対応すること，すなわち日常生活・社会生活上の支援を必要とする者に対して無料または低額の料金により福祉サービスを提供することを社会福祉法人の責務として位置づける必要があると指摘している。

　本通知は，2015 年 4 月 3 日に閣議決定された「社会福祉法等の一部を改正する法律案」のなかで示された「地域における公益的な取組」が，改正後の社会福祉法第 24 条第 2 項に規定されることについて，地方自治体を通じて所管の社会福祉法人へ周知させるとともに，その取り組みの実施を促すことを目的としていた。

（2）「社会福祉法人の『地域における公益的な取組』について」（2016
　　年6月1日通知）

　2016年6月1日の通知では，同年4月1日に施行された「地域におけ
る公益的な取組」の趣旨と要件，および実施上の留意事項が説明されてい
る。これらのうち，要件については，以下の3点をすべて満たすことが求
められている。

　①　社会福祉事業または公益事業を行うにあたって提供される福祉
　　サービスであること

　②　対象者が日常生活または社会生活上の支援を必要とする者である
　　こと

　③　無料または低額な料金で提供されること

　①の要件については，「社会福祉を目的とした福祉サービスとして提供
される必要がある」としている。その具体例としては，地域の障害者、高
齢者と住民の交流を目的とした祭りやイベントなど地域福祉の向上を目的
とした活動が提示されている。

　②の要件については，「心身の状況や家族環境等のほか、経済的な理由
により支援を要する者」を対象者としている。その具体例としては，要支
援・要介護高齢者に対する入退院支援，子育て家族への交流の場の提供，
家庭環境により十分な学習機会のない児童に対する学習支援を目的とした
ものが提示されている。

　③の要件については，「直接的な費用が発生する事業等を行う場合，そ
の費用を下回る料金を徴収して実施する事業，または料金を徴収せずに実
施する事業等が該当する」としている。具体的には，法人独自に付加的な
サービス提供を行うものや介護保険サービスに係る利用者負担を軽減する
ものが提示されている。

　これら3要件とそれぞれの具体例の提示は，社会福祉法人が地域で公益
的な取り組みを実施するための指針となるものであった。しかし，2017

年12月18日に開催された社会保障審議会福祉部会において，地域における福祉ニーズに対応した取り組みであるにもかかわらず，上記の3要件のすべてを満たしていないために，「地域における公益的な取組」には該当しないケースが少なくないことが指摘されるとともに，社会福祉法人の経営者サイドから3要件への柔軟な解釈を求める意見が出された（社会保障審議会福祉部会　2017）。

（3）「社会福祉法人による『地域における公益的な取組』の推進について」（2018年1月23日通知）

　前述した経営者サイドからの意見等を受けて出された2018年1月23日の通知では，「地域共生社会の実現に向けた地域づくりを進めていく」という観点から，（2）で取り上げた①から③の要件に該当する取り組みとして，それぞれ以下の内容が提示された。

　①については，取り組みの内容が直接的に社会福祉に関連しない場合であっても，地域住民の参加や協働の場を創出することを通じて，地域住民相互のつながりの強化を図るなど，間接的に社会福祉の向上に資する取り組みであって，当該取り組みの効果が法人内部に留まらず地域にも及ぶもの（行事の開催や環境美化活動，防犯活動，災害時に備えた福祉支援体制づくりや関係機関とのネットワーク構築に向けた取り組みなど）であれば，この要件に該当する。

　②については，現に支援を必要としていないが，このままの状態が継続すれば，将来的に支援を必要とする可能性の高い者（単身で地域との関わりがない高齢者など）に対する予防的な支援を行う取り組みも含まれる。また，直接的にこれらの者を対象としていない場合であっても，間接的には支援に資する取り組み（在宅での介護技術研修の実施やボランティアの育成など）もこの要件に該当する。

　③については，国や地方自治体から全額公費による負担を受けている

場合であっても，法人の資産等を活用した追加のサービスが行われていればこの要件に該当する。

　2018年1月23日の通知については，①から③の要件をより柔軟に解釈できるように見直されたものであり，「地域共生社会の実現に向けた地域づくりを進めていく観点」を新たに盛り込むことで，社会福祉法人がよりいっそう，「地域における公益的な取組」を実施できるように配慮されている。ただし，このなかで例示されている内容の多くは，社会福祉法人がこれまでに実施してきたことであり，それが厚生労働省の通知で追随的に認められたにすぎないともいえる。そのため，本通知が，単に社会福祉法人に対して地域貢献活動の種類や内容，実施回数の増加などの充実策を求めているわけではないが，社会福祉法人としては，これまでの地域貢献活動を続けていくことで「地域における公益的な取組」への責務を果たしていると解釈してしまうことが懸念される。つまり，前述した「地域共生社会の実現に向けた地域づくりを進めていく観点」を踏まえた地域貢献活動のあり方が求められるのである。その意味においては，松端（2016）が指摘しているように，社会福祉法人としての日々の福祉実践を地域福祉的に転換していくことが重要となる。そして，これまでの地域貢献活動への取り組みが地域のニーズに対応したものとなっているのか，さらには地域共生社会の実現につながるものとなっているのかについて，定期的に検証していくことがますます重要になるものと考えられる。

（4）「地域公益事業を含む地域における公益的な取組及び職員の処遇改
　　善の取組の積極的な実施について」（2022年1月5日通知）
　2022年1月5日の通知では，新型コロナウイルス感染症の拡大による影響が長期化するなか，社会福祉充実残額（保有する財産から事業継続に必要な財産の額を控除し，福祉サービスに再投下可能な財産額）を有する社会福祉法人に義務づけられている「社会福祉充実計画」の策定にあた

り，地域公益事業[2)] を積極的に実施すること，また，各種の福祉ニーズに応じた取組への活用を十分踏まえつつ，職員の処遇改善も可能な限り優先的に検討すること，そして，法人の社会福祉充実財産の有無にかかわらず，地域の孤独・孤立対策や困窮者対策にいっそう取り組むことが明示された。

4　介護老人福祉施設の経営実態に関する概況

　介護老人福祉施設は，老人福祉法に規定された特別養護老人ホームであるとともに，社会福祉法に規定された第一種社会福祉事業であり，原則として経営主体が国，地方自治体および社会福祉法人に限定されている。実際のところ，2021 年 10 月時点で開設主体の 95.1%が「社会福祉法人（社会福祉協議会以外）」によって経営されている（厚生労働省　2022：5）。介護老人福祉施設の経営実態に目を向けてみると，2011 年に社会福祉法人の内部留保が広く報道されて以降，それを論拠として営利法人等が社会福祉法人に対して内部留保の社会貢献活動への拠出やイコールフッティングを要求するようになり，そこから社会福祉法人のガバナンスの強化と事業運営の透明性の向上に向けた社会福祉法の改正が行われている。

　しかし，厚生労働省が公表した「令和 2 年度介護事業経営実態調査」によると，2019 年度決算の介護老人福祉施設の収支差率（（介護サービスの収益額－介護サービスの費用額）／介護サービスの収益額，以下同じ）は 1.6%であり，前年度よりも 0.2%減少している。また，この割合は，その他の介護保険施設である介護老人保健施設（同 2.4%）や介護療養型医療施設（同 2.8%），さらには居宅サービスである訪問介護（同 2.6%）や通所介護（同 3.2%），短期入所生活介護（同 2.5%）よりも低く，全サービス平均（2.4%）を下回っていることがわかる（表 2-2）。

　また，前述したように，2019 年度決算の介護老人福祉施設の収支差率

表2-2　各介護サービスにおける収支差率

サービスの種類	令和元年度概況調査 平成30年度決算	令和2年度実態調査 令和元年度決算	対30年度増減	サービスの種類	令和元年度概況調査 平成30年度決算	令和2年度実態調査 令和元年度決算	対30年度増減
施設サービス （）内は税引後収支差率				福祉用具貸与	4.2% (3.4%)	4.7% (3.5%)	+0.5% (+0.1%)
介護老人福祉施設	1.8% (1.8%)	1.6% (1.6%)	Δ0.2% (Δ0.2%)	居宅介護支援	Δ0.1% (Δ0.4%)	Δ1.6% (Δ1.9%)	Δ1.5% (Δ1.5%)
介護老人保健施設	3.6% (3.4%)	2.4% (2.2%)	Δ1.2% (Δ1.2%)	地域密着型サービス （）内は税引後収支差率			
介護療養型医療施設	4.0% (3.2%)	2.8% (2.3%)	Δ1.2% (Δ0.9%)	定期巡回・随時対応型訪問介護看護	8.7% (8.5%)	6.6% (6.0%)	Δ2.1% (Δ2.5%)
介護医療院	–	※5.2% (※4.7%)	–	夜間対応型訪問介護	※5.4% (※5.3%)	※2.5% (※2.0%)	Δ2.9% (Δ3.3%)
居宅サービス （）内は税引後収支差率				地域密着型通所介護	2.6% (2.3%)	1.8% (1.5%)	Δ0.8% (Δ0.8%)
訪問介護	4.5% (4.1%)	2.6% (2.3%)	Δ1.9% (Δ1.8%)	認知症対応型通所介護	7.4% (7.2%)	5.6% (5.4%)	Δ1.8% (Δ1.8%)
訪問入浴介護	2.6% (1.2%)	3.6% (2.7%)	+1.0% (+1.5%)	小規模多機能型居宅介護	2.8% (2.5%)	3.1% (2.9%)	+0.3% (+0.4%)
訪問看護	4.2% (4.0%)	4.4% (4.2%)	+0.2% (+0.2%)	認知症対応型共同生活介護	4.7% (4.4%)	3.1% (2.7%)	Δ1.6% (Δ1.7%)
訪問リハビリテーション	3.2% (2.6%)	2.4% (1.9%)	Δ0.8% (Δ0.7%)	地域密着型特定施設入居者生活介護	1.5% (1.2%)	1.0% (0.6%)	Δ0.5% (Δ0.6%)
通所介護	3.3% (2.8%)	3.2% (2.9%)	Δ0.1% (+0.1%)	地域密着型介護老人福祉施設	2.0% (2.0%)	1.3% (1.3%)	Δ0.7% (Δ0.7%)
通所リハビリテーション	3.1% (2.6%)	1.8% (1.4%)	Δ1.3% (Δ1.2%)	看護小規模多機能型居宅介護	5.9% (5.6%)	3.3% (3.1%)	Δ2.6% (Δ2.5%)
短期入所生活介護	3.4% (3.3%)	2.5% (2.3%)	Δ0.9% (Δ1.0%)	全サービス平均 （）内は税引後収支差率	3.1% (2.8%)	2.4% (2.1%)	Δ0.7% (Δ0.7%)
特定施設入居者生活介護	2.6% (1.3%)	3.0% (1.9%)	+0.4% (+0.6%)				

収支差率＝（介護サービスの収益額－介護サービスの費用額）／介護サービスの収益額
　・介護サービスの収益額は，介護事業収益と借入金利息補助金収益の合計額
　　※介護事業収益は，介護報酬による収入（利用者負担分含む），保険外利用料収入，補助金収入（運営費に係るものに限る）の合計額
　・介護サービスの費用額は，介護事業費用，借入金利息及び本部費繰入（本部経費）の合計額
注1：収支差率に「※」のあるサービスについては，集計施設・事業所数が少なく，集計結果に個々のデータが大きく影響していると考えられるため，参考数値として公表している。
注2：全サービス平均の収支差率については，総費用額に対するサービス毎の費用額の構成比に基づいて算出した加重平均値である。
出所）厚生労働省（2021）「令和2年度介護事業経営実態調査結果の概要」p.1。

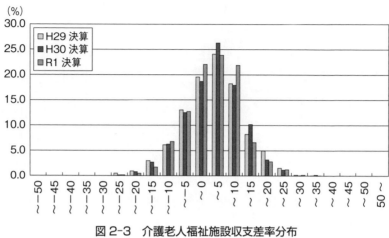

図 2-3　介護老人福祉施設収支差率分布
出所）表 2-2 と同じ。

は1.6%であるが，度数分布で見てみると，図2-2で示すように，最も頻
度の高いカテゴリーは0～5%であり，全体の約25%となっている。そし
て，全体の半数近くは収支差率が0%以下となっていることがわかる。
　介護保険法に規定されたサービスを提供する施設・事業所への介護報
酬は，毎年実施されるこの調査の結果を踏まえて3年ごとに見直しされて
おり，特定のサービスに大きな収益がでないように制御されている。その
ため，介護老人福祉施設を経営する社会福祉法人は，常に安定した収益が
見込まれているとはいえない経営状況のなかで，社会福祉法人の本旨を果
たしていくという舵取りが求められることになる。

5 介護老人福祉施設を経営する社会福祉法人に求められる役割

わが国が"地域共生社会"の実現に向けて政策的に動き出しているなか，介護老人福祉施設を経営する社会福祉法人による「地域における公益的な取組」への課題と方向性について，法人の役割と機能の観点を踏まえて論究していく。

第1に，介護老人福祉施設が有する設備，場所，人材等の専門的な機能を積極的に活用していくことである。これらの機能を活用した取り組みについては，施設の社会化論が展開されてきた1970年代後半より実施されているが，今日においても地域のなかで各種事業（介護保険法上の居宅サービス事業や交流事業，教育・研修事業など）を積極的に実施していくことで，在宅要援護者の地域生活支援や地域住民との良好な関係形成を促進していくことが求められる。なお，施設が有する機能については，第1章でも触れたように，渡邉洋一（2013：151-160）は，近年では入所型施設を中心とした単一機能型から，通所型施設や短期入所型施設、調整型施設（在宅介護支援センター等）など，複数施設を経営し，そのうえに利用者社会福祉施設（老人福祉センター等）や機能を整備した形態としての複数施設経営・多機能型が増加し，"福祉施設の多機能化"が進められていると指摘している。実際，介護老人福祉施設を起点とした複合施設（医療，看護領域などの施設）を開設したり，施設内で子ども食堂を実施して子どもたちへの食事提供や学習支援，遊びなどの交流活動に取り組む社会福祉法人も見られる（『福祉新聞』：2018年10月10日）。このように，地域社会のなかでさまざまな事業や活動を展開していくためには，施設が有する機能の強化に取り組むことが重要であるが，同時にこれらの取り組みが地域住民のニーズの充足に寄与するものとなっていることにも留意しな

ければならない。

　第2に，地域の福祉関係機関・団体との情報共有や意見交換，地域ケア会議への出席などの活動に取り組み，地域との連携強化を図っていくことである。地域住民の生活の全体性や継続性に着目して支援していくためには，訪問・通所型のサービスだけでは不十分であり，地域のネットワークのなかで入居型のサービスである介護老人福祉施設の役割や機能を明確化するとともに，それらを果たしていくことが求められる。つまり，介護老人福祉施設の役割は入居者へのケアにとどまるものではなく，地域全体の公益に資する事業や活動を幅広く展開していくことが必要であり，その意味では地域のネットワークのなかでニーズを発見していくという認識を高めていかなければならない。

　第3に，地域での公益的な活動への取り組みを積極的に広報，周知させていくことである。このことについて，水田（2018）は，「地域における公益的な取組」を通した広報活動の実践と「専門性の還元」「認知度のアップ」「新たなファン（顧客創造）」を活動の目的に位置づけるべきであると提唱している。介護老人福祉施設を経営する社会福祉法人が，入居者のケアに専従しているのではなく，その機能を地域社会のなかで積極的に展開していることを地域住民に理解してもらえてこそ，その法人の存在意義や役割、社会的使命はよりいっそう高められるといえよう。以上のような観点を総合的に踏まえたうえで，地域での公益的な活動に積極的に取り組むことが重要である。

6　小　　　括

　本章では，2016年の社会福祉法改正で新たに規定された「地域における公益的な取組」に着目し，社会福祉法人制度の見直しに向けた議論から法的規定に至るまでの経緯を整理するとともに，介護老人福祉施設を経営

する社会福祉法人が「地域における公益的な取組」を責務として実施していくための課題と方向性について検討してきた。社会福祉法人は，その本旨にしたがって，既存制度の対象とはならないサービスに対応していくこと，地域の多様なニーズに応えていくことを目的として，施設の物的・人的資源の有する専門的機能を地域のなかで積極的に展開していくことが求められる。また，地域の福祉機関や居宅・通所系サービス事業所，ボランティア団体等と連携して地域のニーズを把握し，施設の機能を最大限に活用していくことで，その充足に努めていくとともに，地域福祉の活動拠点として，地域共生社会の実現に向けた取り組みを進めていくことが重要である。

〈注〉

1)　社会福祉法第4条において，「地域住民，社会福祉を目的とする事業を経営する者及び社会福祉に関する活動を行う者は，相互に協力し，福祉サービスを必要とする地域住民が地域社会を構成する一員として日常生活を営み，社会，経済，文化その他あらゆる分野の活動に参加する機会が与えられるように，地域福祉の推進に努めなければならない」と規定されている。

2)　地域公益事業については，社会福祉法第26条第1項に規定する公益事業のうち，「日常生活又は社会生活上の支援を必要とする事業区域の住民に対し，無料又は低額な料金で，その需要に応じた福祉サービスを提供するもの」（第55条の2第4項第2号）と規定されている。

〈文献〉

地域包括ケア研究会（2014）「地域包括ケアシステムを構築するための制度論等に関する調査研究事業報告書」三菱UFJリサーチ＆コンサルティング.

独立行政法人福祉医療機構（WAM）（2015）「平成26年度特別養護老人ホームの経営状況について」（2015年12月8日）.

福祉新聞（2018）「特養で子ども食堂　遊びや学習支援も（東京・町田市）」（2018年10月10日）

井岡勉（1984）「第8章　地域福祉と施設の社会化」右田紀久恵・井岡勉編著『地域福祉──いま問われているもの』ミネルヴァ書房，191-207.

神部智司（2008）「なぎさの福祉コミュニティ概念の検証①—高齢者福祉施設とコミュニティの関係に関する調査研究」『日本社会福祉学会第56回全国大会自由研究発表資料』日本社会福祉学会.

厚生労働省（2015）「社会福祉法人の「地域における公益的な取組」について」（平成27年4月17日社援基発0417第1号厚生労働省社会・援護局福祉基盤課長通知）.

厚生労働省（2016）「社会福祉法人の「地域における公益的な取組」について」（平成28年6月1日社援基発0601第1号厚生労働省社会・援護局福祉基盤課長通知）.

厚生労働省（2017）「社会福祉法人制度改革について」,
（https://www.mhlw.go.jp/stf/seisakunitsuite/bunya/0000142657.html，2022 年 5月22日）

厚生労働省（2018）「平成29年介護事業経営実態調査結果の概要」1-5.
（https://www.mhlw.go.jp/toukei/saikin/hw/kaigo/jittai17/index.html，2022 年 5月22日）

厚生労働省（2018）「社会福祉法人による「地域における公益的な取組」の推進について（平成30年1月23日社援基発0123第1号厚生労働省社会・援護局福祉基盤課長通知）.

厚生労働省（2022）「令和3年介護サービス施設・事業所調査の概況」1-10.
（https://www.mhlw.go.jp/toukei/saikin/hw/kaigo/service21/dl/kekka-gaiyou_1.pdf，2023年3月22日）

松端克文「社会福祉法人改革と地域福祉～『地域における公益的な取組』を中心として～」『日本の地域福祉』29，21-29.

水田智博（2018）「地域社会や住民に対する後方活動の視点②—「地域における公益的な取組」を通して、地域で法人の存在感を高める」『月刊福祉』101（10），70-73.

内閣府（2013）「介護・保育事業等における経営管理の強化とイコールフッティング確立に関する論点整理」（平成25年12月20日規制改革会議）.

内閣府（2014）「規制改革実施計画」（平成26年6月24日閣議決定）.

内閣府（2014）「法人税の改革について」（平成26年6月27日税制調査会）.

日本経済新聞（2011）「黒字をため込む社会福祉法人 復興事業への拠出議論を」（2011年7月7日）

日本経済新聞（2013）「特養の内部留保3億円超、1施設平均「過大」指摘」（2013年5月21日）.

呉世雄（2018）「社会福祉法人施設の地域貢献活動の実施状況に関する研究—地域貢献活動尺度の因子構造とその特徴を基に—」『日本の地域福祉』31，29-40.

岡本榮一（2008）「なぎさ型福祉コミュニティ論—居住型福祉施設と地域社会の新しい関係の構築に向けて」大正大学社会福祉学会記念誌編集委員会『しなやかに、凛と

して　今，「福祉の専門職」に伝えたいこと（橋本泰子退任記念論文集）』中央法規，199.

岡本榮一（2010）「なぎさの福祉コミュニティと地域社会関係論 ― 入所型福祉施設の地域福祉論への復権 ―」『地域福祉研究』38，77-87.

社会福祉法人の在り方等に関する検討会（2014）「社会福祉法人制度の在り方について（報告書）」厚生労働省社会・援護局.
（https://www.mhlw.go.jp/stf/shingi/0000050216.html，2022 年 5 月 22 日）

社会保障審議会福祉部会（2017）「第 20 回社会保障審議会福祉部会（議事録）」（平成 29 年 12 月 18 日）厚生労働省社会・援護局.
（https://www.mhlw.go.jp/stf/shingi2/0000137867.html，2022 年 5 月 22 日）

社会保障審議会福祉部会（2015a）「社会保障審議会福祉部会報告書〜社会福祉法人制度改革について〜」.
（https://www.mhlw.go.jp/stf/houdou/0000074114.html，2022 年 5 月 22 日）

社会保障審議会福祉部会（2015b）「第 11 回社会保障審議会福祉部会（資料 1）「地域公益活動」について」厚生労働省社会・援護局.
（https://www.mhlw.go.jp/stf/shingi2/0000071372.html，2022 年 5 月 22 日）

社会保障審議会介護給付費分科会（2013）「特別養護老人ホームの内部留保について」（第 7 回介護給付費分科会 ― 介護事業経営調査委員会（資料 3）」（平成 25 年 5 月 21 日）.
（https://www.mhlw.go.jp/stf/shingi/2r98520000032jrz.html，2022 年 5 月 22 日）

卯尾章（2016）「社会福祉法人改革についての視座〜制度改革の論議を考察し，社会福祉法人の役割を検証」『社会福祉士』23，20-28.

渡邉洋一（2013）「第 10 章　社会福祉施設と地域社会関係の理論的枠組み」『コミュニティケアと社会福祉の地平 ― 社会サービス法という到達点 ―』相川書房，151-160.

財務省（2014）「財政健全化に向けた基本的考え方」（平成 26 年 5 月 30 日財政制度等審議会）.
（https://www.mof.go.jp/about_mof/councils/fiscal_system_council/sub-of_fiscal_system/report/zaiseia260530/index.htm，2022 年 5 月 22 日）

全国社会福祉法人経営者協議会（2016a）「社会福祉法人アクションプラン 2020［平成 28 年度 ― 平成 32 年度「中期行動計画」］」.

全国社会福祉法人経営者協議会（2016b）『改訂増補　社会福祉法改正のポイント　これからの社会福祉法人経営のために』全国社会福祉協議会，15-19.

介護老人福祉施設による地域貢献
活動の実証的研究

第3章

地域貢献活動に対する施設担当職員の認識
― 意義と困難さに着目して ―

1 本章の目的

　第Ⅰ部（第1章および第2章）で取り上げてきたように，わが国では，高齢者のニーズに応じたケアが包括的かつ継続的に提供される地域包括ケアシステムの構築，およびその推進と強化に向けた取り組みが重要な政策的課題となっている。地域包括ケアシステムには，高齢者の居宅生活を支えるための「在宅系サービス」とともに，「施設・居住系サービス」が内包されている。そして，その代表的な施設である介護老人福祉施設には，地域包括ケアシステムの"中核"としての機能が期待されている（橋本2013）。

　また，2016年4月の社会福祉法改正により，社会福祉法人の責務として規定された「地域における公益的な取組」について，2018年1月の厚生労働省通知では，地域住民の参加や協働の場を創出することを通じた地域住民相互のつながりの強化を図るなど，間接的に社会福祉の向上に資する取り組みもこれに含まれるとの解釈が示された。その具体例として，行事の開催や環境美化活動，防犯活動，災害時に備えた福祉支援体制づくりや関係機関とのネットワーク構築などが挙げられているが，介護老人福祉施設を経営する社会福祉法人には，施設の物的・人的資源の有する機能を

活かして，これらの取り組みを地域のなかで積極的に展開していくことが求められている。

　これまで述べてきたように，社会福祉施設の地域貢献活動については，1970年代後半より「施設の社会化」の流れのなかで取り組まれてきたという歴史的経緯がある。そして，民間の社会福祉機関を中心となって実施された地域貢献活動に関する実態調査が数多く報告されてきた。21世紀以降では，筆者も一員として参加していた岡本榮一（2008：197）を代表とする"なぎさ"の福祉コミュニティ研究会が，近畿地方の介護老人福祉施設（931施設）を対象に量的調査を実施している（新崎　2012：245-260）。また，呉（2013）は全国から無作為抽出した介護老人福祉施設（1,000施設）を対象に量的調査を実施している。これらの先行研究では，地域貢献活動の種類や内容ごとに実施の程度が把握されるとともに，地域貢献活動の下位構造や関連要因が把握されている（下位構造と関連要因に関する知見については，第4章以降で取り上げる）。

　一方，島崎ら（2015）は，介護老人福祉施設（1施設）で地域貢献活動を担う職員6名へのフォーカスグループインタビューによる質的調査を実施し，地域貢献活動の効果と考えられる5つのカテゴリー（「ノーマライゼーションの具現化」「地域福祉を担う人材育成」「地域ニーズの発掘と社会資源開発」「専門性向上への貢献」「スタッフの資質とケアの質の向上」）を生成している。これらの効果に関する知見は，地域貢献活動の有効性を高めていく要因として有用である。しかし，同時に地域貢献活動の困難さについても検討を行い，その解決ないし軽減に向けて取り組むことも重要である。

　介護老人福祉施設には，「指定介護老人福祉施設の人員，設備及び運営に関する基準」によって，介護職や相談援助職，看護職など専門性を有する人材やバリアフリー化された建物・設備などの優れた機能が兼ね備えられている。つまり，介護老人福祉施設は，これらの専門的機能を地域社会

に向けて発揮しながら多様な地域貢献活動に取り組んでいることになる。しかし，これまでの取り組みのなかで，介護老人福祉施設が具体的にどのような意義を見いだしているのか，また，反対にどのような困難さを感じているのかについて検討を試みた先行研究はほとんど見られない。社会福祉法人による地域貢献活動が責務として法的に位置づけられ，そのあり方が問われているなか，介護老人福祉施設による地域貢献活動について施設担当職員が認識している意義と困難さの両面を把握するとともに，そこから意義を高めていくことはもちろん，困難さの解決ないし軽減していくことの両面から検討を行い，地域貢献活動の推進につなげていくための方策を多角的に検討していくことが求められる。

　そこで，本章では，介護老人福祉施設による地域貢献活動への取り組みにおける意義と困難さについて探索的に検討していくことを目的とする。

2　研究方法

（1）調査対象

　調査対象施設は，事前に調査協力が得られた近畿地方の大阪府および兵庫県の介護老人福祉施設（7施設）である。調査対象者は，表3-1に

表 3-1　調査対象者の基本属性

回答者	性別	年齢	職種	所持資格	勤務年数
A氏	男性	30歳代	事務長	介護福祉士ほか	18年
B氏	男性	40歳代	生活相談員	社会福祉士ほか	18年
C氏	男性	50歳代	生活相談員	社会福祉士ほか	15年8か月
D氏	男性	30歳代	施設長	介護福祉士ほか	6年
E氏	男性	30歳代	副施設長	社会福祉士ほか	12年6か月
F氏	男性	30歳代	在宅サービス課長	社会福祉士ほか	7年10か月
G氏	男性	40歳代	生活相談員	社会福祉士ほか	20年

示すとおり，各施設で地域貢献活動を担当している常勤職員1名（合計7名）とした。なお，調査対象者の選定は施設長に一任した。

（2）　調査方法

　調査方法は，施設訪問による個別面接調査法（半構造化面接）であり，各施設の会議室もしくは相談室で実施した。個別面接に要した時間は，調査対象者1名につき約30〜40分であった。調査の実施期間は，2018年2月〜3月までであった。

（3）　倫理的配慮

　本調査を実施するにあたり，施設長に本調査の目的と意義，内容および個人情報の遵守について文書および口頭にて説明を行うとともに，個別面接の内容をICレコーダーに録音して逐語録を作成すること，本調査で得られた知見を学会や学術論文等で発表することも含めて調査協力への承諾を得た。また，本調査への協力依頼に同意が得られた7名の調査対象者に対して，個別面接調査の実施前に文書および口頭で同様の説明を行い，承諾を得たうえで個別面接を実施した。なお，本調査は大阪大谷大学文学部・教育学部・人間社会学部研究倫理審査委員会の審査・承認（第2017-005）を受けている。

（4）　質問内容

　質問内容は，地域貢献活動について，「どのような点に意義を感じているのか」「どのような点に困難さを感じているのか」の2点であり，それぞれについて地域住民とのつながりに焦点を当てながら自由に語ってもらった。

（5）　分析方法

　分析方法は，第1に，個別面接の内容をICレコーダーに録音して得られた音声データから逐語録（テキストデータ、以下同じ）を作成し，回答者7名の逐語録を熟読しながら，地域住民とのつながりに焦点を当てた地域貢献活動の意義と困難さに関する語りの部分をそれぞれ抽出した。第2に，抽出した語りの内容の類似性に着目して集約，分類を行い，コードを生成した。そして，生成したコードからカテゴリーの抽出を試みた。

3　研　究　結　果

　回答者7名の語りである逐語録を熟読し，地域住民とのつながりに焦点を当てた地域貢献活動の意義および困難さに関する内容の抽出を試みた。その結果，意義については7つのコードが抽出され，これらのコードから3つのカテゴリーが生成された（表3-2）。また，困難さについては5つのコードが抽出され，これらのコードから2つのカテゴリーが抽出された。以下，本章では，カテゴリーを〈　〉，コードを『』，回答者7名の語りである逐語録からの引用箇所（要約）を「」で表記する。

（1）　地域貢献活動への取り組みにおける意義

　地域貢献活動の意義として，〈地域住民に関する情報把握〉〈施設の認知度向上〉〈地域住民の福祉に関する相談対応〉の3つのカテゴリーが生成された。また，〈地域住民に関する情報把握〉は，『潜在的ニーズを有する高齢者の情報把握』『地域住民との交流による情報把握』の2つのコード，〈施設の認知度向上〉は『地域住民との"顔が見える"関係』『地域住民のボランティア受け入れ』『地域住民の職員・役員雇用』の3つのコード，〈地域住民の福祉に関する相談対応〉は『福祉に関する専門的知識や情報の提供』『地域の社会資源との連絡調整』の2つのコードでそれぞれ

表 3-2　地域貢献活動への取り組みにおける意義のカテゴリー・コードおよびデータの一部

カテゴリー	コード	データの一部（逐語録からの引用箇所（要約））
地域住民に関する情報把握	潜在的ニーズを有する高齢者の情報把握	「サービスが使えていない高齢者の方々の情報をどこから取れるかといったら，やっぱり地域の方々なんですよね。どんなことでも教えてもらったり，アドバイスをいただいたりしたら，そういうのは施設にとっては大きなものになる。」【A氏】
	地域住民との交流による情報把握	「情報が一番大事になってくるので，地域の人たちと交流を持って，地域に開かれているというのが何よりも大事である。」【D氏】
施設の認知度向上	地域住民との"顔が見える"関係	「施設の中の職員がちゃんと地域に出向いて顔を見せて，ともに活動したりとかすることで顔が見える関係になるというのはすごく大事なことである。」【E氏】 「サロンを開催して，そこに私とケアマネジャー，在宅サービスのスタッフも配置して担当してもらい，直接，地域住民と顔の見える関係づくりができている。」【C氏】
	地域住民のボランティア受け入れ	「施設建物の屋上にリゾート風の喫茶スペース（庭園）をつくっており，そこにボランティアとして来ていただいて，フレッシュジュースを出していただいたり，庭園の手入れしていただいている」【C氏】 「施設で行事を開催するときにボランティアに来ていただき，車椅子介助や利用者の話し相手，楽器の演奏などをしていただいている」【E氏】 「施設内の喫茶店でボランティアに入っていただき，利用者が自身の好みに応じて注文した軽食メニューやお菓子をつくっていただいている。」【F氏】
	地域住民の職員・役員雇用	「地域の中で非常勤のスタッフさんを募集していることもあって，それこそ働いているスタッフもやっぱり地域の方々が多い。そのスタッフさんたちが地域の中でウチのことをありのままに伝えてくれている。」【B氏】 「民生委員長をされていた人で，その人が法人の理事もしてらっしゃる。民生委員が私たちのことをよく分かってくださっていて，地域の人に施設の利用を勧めてくれる。そういったところで地域とのつながりも強くさせてもらっている。」【D氏】
地域住民の福祉に関する相談対応	福祉に関する専門的知識や情報の提供	「地域の老人会との交流会などで，高齢者の方々といろいろな部分で話を聞かせてもらったり，ご自身が要介護状態に至るまでの段階的な部分をお話させていただくことで，少しでも安心していただけるようにしている。」【F氏】 「施設の1階に相談窓口を設置し，介護保険制度の仕組みやサービスの利用手続きなどについてわかりやすく説明している。」【D氏】
	地域の社会資源との連絡調整	「地域のサロンに出向いて夕食会を定期的に開催していて，そこで高齢者からのいろいろな相談に対応したり，こちらからもサービスやケアマネジャーの紹介などをさせていただいている。」【C氏】 「市の消防署や地域の消防団と連携し，災害発生を想定して利用者の救助方法を確認したり，施設を避難場所として提供するために必要な連絡調整を行っている。」【F氏】

表3-3 地域貢献活動への取り組みにおける困難さのカテゴリー・コードおよびデータの一部

カテゴリー	コード	データの一部（逐語録からの引用箇所（要約））
市町村との連携不足および認識の乖離	広報や情報提供における市町村との連携不足	「市町村がもうちょっと関わりを持ってもらえたらなと思う。"こういうのをやるので人を集めて欲しい" とかは文章（＝広報誌）ではやってくれるけど，それだけであって…。もうちょっと絡んでいただいて，一体となってできることをしたいなと思っているのだけど，ちょっとその辺の温度差というのが大きいと違うかなというのはある。」【G氏】
	施設の役割・機能に関する認識の乖離	「市との協定で福祉避難所の指定を受けたのだけど，福祉避難所の捉え方以上に，何かこう期待が大きいかなというのはある。例えば，隣りの大きな川にある橋が壊れてしまうと，多分もう半数くらい（の職員）が来れなくなるけど，このようななかでも避難所という言葉が独り歩きして，いろんな期待を受けてしまうのだけど，市役所をそれをよう抑えられないでいる。」【B氏】
地域住民とのつながりの維持・強化への障壁	施設職員の異動や退職等による不十分な引き継ぎ	「担当者が代わって対応が変わってしまうとあまりいけないこともあるかなと思ったりはするけど，そういう引き継ぎをしっかりしていって，地域の方とのきずなというのを途切れないようにしていきたいなと思うのだけど，そのへんのことが難しく感じるところがある。」【E氏】
	施設職員の地域住民へのマナーや態度の不徹底	「地域住民は，施設職員のデイサービスの車の送迎時の運転マナーや挨拶などの態度をよく見ておられるので，誰か一人でもマナーや態度がよくない施設職員がいると，地域住民との良好なつながりに歪みが出てしまうこともある。」【E氏】
	地域の課題発見の限界	「地域の中で見えている部分というのは，やっぱりほんのまだちょっとにしか過ぎないのかなと。もっとやはり困っている方であったり，困難な方というのは沢山いてると思う。そういう部分はすごく考えてしまう。」【A氏】

構成された。

（2）　地域貢献活動への取り組みにおける困難さ

　地域貢献活動の困難さとして，〈市町村との連携不足および認識の乖離〉〈地域住民とのつながりの維持・強化への障壁〉の２つのカテゴリーが生成された。また，〈市町村との連携不足および認識の乖離〉は『広報や情報提供に関する市町村との連携不足』『施設の役割・機能に関する認識の乖離』の２つのコード，〈地域住民とのつながりの維持・強化への障壁〉は『施設職員の異動や退職等による不十分な引き継ぎ』『施設職員の地域住民へのマナーや態度の不徹底』『地域の課題発見の限界』の３つのコードでそれぞれ構成された。

　4　考　　　察

（1）　地域貢献活動への取り組みにおける意義
①　地域住民に関する情報把握

　〈地域住民に関する情報把握〉は，地域住民の生活状況や地域（町内会・自治会等）の行事・イベント，地域の課題等に関する情報を把握することを意味している。このカテゴリーは，『潜在的ニーズを有する高齢者の情報把握』，『地域住民との交流による情報把握』の２つのコードで構成されていると解釈した。

　『潜在的ニーズを有する高齢者の情報把握』については，「サービスが使えていない高齢者の方々の情報を（…中略…）教えてもらったり，アドバイスをいただいたりしたら，そういうのは施設にとっては大きなものになる」【A氏】など，地域住民とのつながりのなかで潜在的ニーズを有する高齢者の情報を把握できると認識されていることが示された。ソーシャルワーク実践において，地域で潜在的ニーズを有する高齢者など「イン

ボランタリー・クライエント」を発見し，相談機関につなげて適切な支援を開始することが重要な課題となっている（副田　2016）。また，島崎ら（2015）は，地域貢献活動による有効性の一つとして「地域ニーズの発掘」を取り上げている。特に，自ら相談支援を求めることが困難であり，かつ，早急な施設入居を必要とする重度の要介護高齢者や独居の認知症高齢者等に施設ケアを提供していくためには，地域住民とのつながりの中で情報を適切に把握していくことが求められる。

　『地域住民との交流による情報把握』については，「情報が一番大事になってくるので，地域の人たちと交流を持って，地域に開かれているということが何よりも大事である」【D氏】など，地域住民との交流から地域のさまざまな情報を把握できると認識されていることが示された。新崎（2012：245-260）や呉（2013）の先行研究では，多くの介護老人福祉施設が地域住民向けの行事やイベントを開催したり，施設内に地域交流スペースを設置するなどの地域住民との交流に取り組んでいることが指摘されているが，本調査の結果から，これらの地域住民との交流への取り組みを地域住民に関する情報把握のための手段とすることが必要であると考えられる。

　②　施設の認知度向上

　〈施設の認知度向上〉は，介護老人福祉施設の役割や機能等を地域に向けて広く発信し，地域住民からの施設の認知度を向上させていくことを意味している。このカテゴリーは，『地域住民との"顔が見える"関係』『地域住民のボランティア受け入れ』『地域住民の職員・役員雇用』の3つのコードで構成されていると解釈した。

　『地域住民との"顔が見える"関係』については，「施設の中の職員がちゃんと地域に出向いて顔を見せて，ともに活動したりとかすることで（…中略…）活動とか知ってもらうためにも，そういう出向いていって，顔が見える関係になるというのはすごく大事なことである」【E氏】，「サ

ロンを開催して，そこに私とケアマネジャー，在宅サービスのスタッフも配置して担当してもらい，直接，地域住民と顔の見える関係づくりができている」【C氏】など，地域住民との"顔が見える"関係をつくることで施設の認知度を向上できると認識されていることが示された。地域住民に施設の役割や機能を正しく理解してもらうことによって，介護老人福祉施設が地域住民にとって身近な存在となるようにしていくことが重要と考えられる。

　『地域住民のボランティア受け入れ』については，「施設建物の屋上にリゾート風の喫茶スペース（庭園）をつくっており，そこにボランティアとして来ていただいて，フレッシュジュースを出していただいたり，庭園の手入れしていただいている」【C氏】，「施設で行事を開催するときにボランティアに来ていただき，車椅子介助や利用者の話し相手，楽器の演奏などをしていただいている」【E氏】，「施設内の喫茶店でボランティアに入っていただき，利用者が自身の好みに応じて注文した軽食メニューやお菓子をつくっていただいている」【F氏】など，地域住民をボランティアとして受け入れ，施設に来てもらうことに地域貢献活動の意義を見い出していることが示された。介護老人福祉施設で多様な活動を展開しているボランティアは，地域との架け橋としての役割を担う存在でもあることから（守本　2013：61），ボランティアの積極的な受け入れが施設の認知度向上に寄与していると考えられる。

　『地域住民の職員・役員雇用』については，「地域の中で非常勤のスタッフさんを募集していることもあって（…中略…），そのスタッフさんたちが地域の中でウチのことをありのままに伝えてくれている」【B氏】など，非常勤・パートの施設職員として雇用された地域住民が，施設の広報的役割を担っていると認識されていることが示された。水田（2018）は，地域における公益的な取り組みを通した広報活動を実践し，その活動目的として施設の認知度向上を位置づけることが重要であると指摘している。こ

れは，介護老人福祉施設による地域貢献活動が，地域福祉の推進とともにマーケティング的な役割を持つことを示唆するものであり，施設職員・役員として地域住民を雇用することがその有効な手段となっていると考えられる。また，「民生委員長をされていた人で，その人がうちの理事もしていらっしゃる。(…中略…) そういったところで地域とのつながりも強くさせてもらっている」【D 氏】など，地域住民が法人理事として採用されているケースも見られた。民生委員は，常に住民の立場に立って相談に応じるとともに必要な援助を行い，地域の社会福祉施設・機関等と密接に連携しながら事業や活動を支援すること，住民の福祉の増進を図るための活動を行うこと等を職務としている。地域で民生委員としての職務経験があり，知名度の高い地域住民を法人理事として採用することによって，施設の存在や役割、評判などが多くの地域住民に伝えられるとともに，そこから施設の認知度向上にもつながるものと考えられる。

　③　地域住民からの福祉相談への対応

　〈地域住民の福祉に関する相談対応〉は，施設職員が地域住民から寄せられた福祉に関するさまざまな相談に対応することを意味するものであり，『福祉に関する専門的知識や情報の提供』『地域の社会資源との連絡調整』の２つのコードで構成されていると解釈した。

　『福祉に関する専門的知識や情報の提供』については，「地域の老人会との交流会などで，高齢者の方々といろいろな部分で話を聞かせてもらったり，ご自身が要介護状態に至るまでの段階的な部分をお話させていただくことで，少しでも安心していただけるようにしている」【F 氏】，「施設の１階に相談窓口を設置し，介護保険制度の仕組みやサービスの利用手続きなどについてわかりやすく説明している」【D 氏】など，地域住民からの福祉に関する相談に対応し，必要に応じて専門的知識やサービスの種類や内容，利用手続き等に関する情報を提供できると認識されていることが示された。これらの取り組みによって，地域住民が将来的に福祉サービス

や支援を必要とする状態になっても，地域住民とのつながりのなかで福祉サービスの円滑な利用に結びついていることが考えられる。

　『地域の社会資源との連絡調整』については，「地域のサロンに出向いて夕食会を定期的に開いていて，そこで高齢者からのいろいろな相談に対応したり，こちらからもサービスやケアマネジャーの紹介などをさせていただいている」【C 氏】，「市の消防署や地域の消防団と連携し，災害発生を想定して利用者の救助方法を確認したり，施設を避難場所として提供するために必要な連絡調整を行っている」【F 氏】など，地域住民からの相談内容に応じて地域の社会資源との連絡調整を行うことができると認識されていることが示された。介護老人福祉施設を経営する社会福祉法人は，居宅介護支援事業所や訪問介護，通所介護，短期入所生活介護など居宅サービス事業所を併設していることが多く，地域住民が必要としている社会資源の利用につなげられていると考えられる。

（2）　地域貢献活動への取り組みにおける困難さ
①　市町村との連携不足および認識の乖離

　〈市町村との連携不足および認識の乖離〉は，市町村との連携が不十分であることによって認識の乖離が生じ，地域貢献活動に支障をきたしていることを意味するものであり，『広報や情報提供における市町村との連携不足』『施設の役割・機能に関する認識の相違』の２つのコードで構成されていると解釈した。

　『広報や情報提供における市町村との連携不足』については，「市町村がもうちょっと関わりを持ってもらえたらなと思う。（…中略…）もうちょっと絡んでいただいて，一体となってできることをしたいなと思っているのだけど，ちょっとそのへんの温度差というのが大きいとちがうかなというのはある」【G 氏】など，市町村との連携不足が地域に向けた広報や情報提供上の支障となり，地域貢献活動の実施を困難としていると認識

されていることが示された。官民一体となった地域福祉の推進が政策レベルで提唱されているなか，市町村が施設の地域貢献活動に対して協力的であること，そして，施設との連携強化を図っていくことが喫緊の課題であると考えられる。

『施設の役割・機能に関する認識の乖離』については，「市との協定で福祉避難所の指定を受けたのだけど（…中略…），避難所という言葉が独り歩きして，いろんな期待を受けてしまうのだけど，市役所がそれをよう抑えられないでいる」【B氏】など，施設の役割や機能に対する市町村の過剰な期待や認識が，地域貢献活動への負担感を高めていると認識されていることが示された。市町村には，施設の役割と機能を正しく理解し，適切な内容や条件に基づいた協定を締結するとともに，施設がその役割や機能を遂行できるように支援していくことが求められる。

② 地域住民とのつながりの維持・強化への障壁

〈地域住民とのつながりの維持・強化への障壁〉は，地域住民とのつながりの維持・強化が施設内外の障壁（リスク）によって阻害されていることを意味するものであり，『施設職員の異動や退職等による不十分な引き継ぎ』『施設職員の地域住民へのマナーや態度の不徹底』『地域の課題発見の限界』の3つのコードで構成されていると解釈した。

『施設職員の異動や退職等による不十分な引き継ぎ』については，「担当者が代わって対応が変わってしまうと（…中略…），そういう引き継ぎをしっかりしていって，地域の方とのきずなというのを途切れないようにしていきたいなと思うのだけど，そのへんのことが難しく感じるところがある」【F氏】など，施設職員の異動や退職等が生じてしまうと地域住民との間に形成されたつながりの維持が難しくなり，地域貢献活動に支障をきたしていると認識されていることが示された。法人の経営・管理に関わる理由により地域貢献活動の担当職員が変更された場合，前任者との間で十分な引き継ぎを行うことで地域住民とのつながりを維持していく必要があ

ると考えられる。

　『施設職員の地域住民へのマナーや態度の不徹底』については，「地域住民は，施設職員のデイサービスの車の送迎時の運転マナーや挨拶などの態度をよく見ておられるので，誰か一人でもマナーや態度がよくない施設職員がいると，地域住民との良好なつながりに歪みが出てしまうこともある」【E氏】など，施設職員のマナーや態度が徹底されていないと地域との関係に歪みが生じ，地域貢献活動に支障をきたしうると懸念されていることが示された。そのため，地域に対するマナーや態度など接遇面に関する研修等を定期的に行うなどの対策を講じておくことが重要と考えられる。

　『地域の課題発見の限界』については，「地域の中で見えている部分というのは，やっぱりほんのまだちょっとにしか過ぎない（…中略…）。困難な方というのはまだ沢山いてると思う。そういう部分はすごく考えてしまう」【A氏】など，地域貢献活動のなかで地域の課題を発見していくことには限界があると認識されていることが示された。例えば，8050問題や社会的孤立の状態にあると思われる高齢者世帯の増加等の地域問題に対して，介護老人福祉施設が地域貢献活動を通して独自に対応していくことには限界がある。そのため，介護老人福祉施設が地域の関係機関，インフォーマルな組織・団体等が有機的に連携しながら，地域貢献活動により積極的に取り組んでいくことが重要であると考えられる。

5　小　　　括

　本章では，介護老人福祉施設による地域貢献活動に対する施設担当職員が認識している地域住民とのつながりに焦点を当てた地域貢献活動の意義と困難さについて，探索的に検討してきた。施設訪問による個別面接調査から得られた7名の逐語録を熟読し，その内容について分析を行った。その結果，地域貢献活動の意義については，地域住民に関する情報把握や

施設の認知度向上，福祉に関する相談対応等が認識されていることが示唆された。一方，地域貢献活動の困難さについては，市町村との間に温度差があること，また，施設職員の異動や退職等の理由で十分な引き継ぎが実施されなければ地域住民とのつながりの維持が困難となり，その結果として地域貢献活動に支障をきたしていると認識されていることが示された。さらには，地域課題を発見することにも限界があると認識されていることが示された。介護老人福祉施設には，本調査で見いだされた地域貢献活動の意義をさらに高めていくとともに，その困難さを解決ないし緩和していくための組織づくりについて多角的に検討していくことが必要である。また，本調査で得られた知見を踏まえつつ，地域貢献活動の実施状況を量的データで把握するとともに，その構造と関連要因について統計学的に検証していくことが課題である。

〈謝辞〉

　本調査に対し，多大なご協力を賜りました介護老人福祉施設の施設長ならびに職員の方々に深くお礼申し上げます。

〈文献〉

新崎国広（2012）「岡村地域福祉論となぎさのコミュニティの展開」右田紀久恵・白澤政和監修，牧里毎治・岡本榮一・高森敬久編著『岡村理論の継承と展開②　自発的社会福祉と地域福祉』ミネルヴァ書房，245-260.

地域包括ケア研究会（2014）「地域包括ケアシステムを構築するための制度論等に関する調査研究事業報告書」三菱 UFJ リサーチ＆コンサルティング.

地域包括ケア研究会（2019）「地域包括ケアシステムの深化・推進に向けた制度やサービスについての調査研究報告書」三菱 UFJ リサーチ＆コンサルティング.

橋本正明（2013）「「地域包括ケアシステム」における介護施設の役割を考える―介護施設を中核とした地域包括ケアの有効性―」『ケアマネジメント学』12，32-38.

井岡勉（1984）「第8章　地域福祉と施設の社会化」右田紀久恵・井岡勉編著『地域福祉―いま問われているもの』ミネルヴァ書房，191-207.

厚生労働省（2016）「社会福祉法人の「地域における公益的な取組」について」（平成28

年 6 月 1 日社援基発 0601 第 1 号厚生労働省社会・援護局福祉基盤課長通知).

厚生労働省（2018）「社会福祉法人による「地域における公益的な取組」の推進について」（平成 30 年 1 月 23 日社援基発 0123 第 1 号厚生労働省社会・援護局福祉基盤課長通知).

水田智博（2018）「地域社会や住民に対する後方活動の視点②―「地域における公益的な取組」を通して、地域で法人の存在感を高める」『月刊福祉』101（10），70-73.

守本友美（2013）「福祉施設におけるボランティアコーディネーション ― 福祉施設と地域社会との新たな関係性を目指して ― 」岡本榮一監修，新崎国広・守本友美・神部智司編著『なぎさの福祉コミュニティを拓く ― 福祉施設の新たな挑戦』大学教育出版，61-73.

呉世雄（2013）「介護老人福祉施設の地域貢献活動の実施に影響を及ぼす要因」『日本の地域福祉』26，65-77.

岡本榮一（2008）「なぎさ型福祉コミュニティ論」『しなやかに、凛として ― 今、「福祉の専門職に伝えたいこと（橋本泰子退任論文集）』中央法規出版，197.

島崎剛・竹下徹・田島望（2015）「特別養護老人ホーム職員から見た地域貢献活動の有効性～テキストマイニングによる探索的検討～」『地域福祉実践研究』6，39-47.

白澤政和（2013）『地域のネットワークづくりの方法 ― 地域包括ケアの具体的な展開』中央法規.

副田あけみ（2016）「インボランタリークライエントとのソーシャルワーク ― 関係形成の方法に焦点を当てた文献レビュー ― 」『関東学院大学人文科学研究所報』39，153-171.

第4章
地域貢献活動の構造分析

1 本章の目的

　介護老人福祉施設では，施設の設備や建物，人材等の機能，財源等を活用した地域貢献活動が実施されている。また，地域貢献活動の種類や内容，実施回数などに関する実態調査の結果も報告されている。しかし，地域貢献活動の構造，すなわち地域貢献活動がどのような下位領域で構成されているのかについて，統計学的手法を用いて実証的に検討している先行研究は非常に少ない。また，先行研究で用いられている統計手法は探索的因子分析のレベルにとどまっているため，因子抽出における研究者の恣意性を排除できないという問題がある（古谷野　1988：145-147）。

　介護老人福祉施設による地域貢献活動の実施状況を適切に把握するためには，信頼性と妥当性を有する評価尺度を用いて測定することが必要不可欠となる。そこで，本章では，介護老人福祉施設による地域貢献活動の実施状況を測定するための尺度開発に向けた第一段階として，確認的因子分析を用いて地域貢献活動の評価尺度の構造（下位領域）を検討することを目的とした。

2　研 究 方 法

（1）　調査対象

　調査対象施設は，2018 年 12 月 1 日時点で近畿地方の大阪府および兵庫県の「介護サービス情報公表システム」に登録されている介護老人福祉施設（736 施設）であり，1 施設につき 1 名の地域連携担当者を調査対象者とした。なお，各施設における回答者の選定については施設長に一任した。また，同一敷地内に併設された事業所（通所介護など）に所属する場合でも，調査対象者に含めることとした。

（2）　調査方法

　調査方法は，無記名・自記式調査票による郵送調査法とした。本調査では，調査対象者自身が回答済みの調査票を密封して個別に返送する方法を採用した。送付用封筒には施設長宛ての挨拶文と調査票，および返信用封筒を同封した。調査票の表紙には，本調査の趣旨や倫理的配慮等について記載し，調査票の返送をもって調査協力への同意が得られたものとみなした。調査の実施期間は，2019 年 3 月 1 日から 3 月 23 日（消印有効）までであり，有効回収数は 208 票（28.3%）であった。なお，本調査に用いた質問紙については，本書の巻末資料 1 に記載している。

（3）　倫理的配慮

　調査対象施設の施設長および調査対象者に対し，本調査の目的と方法、調査内容等について依頼文書による説明を行うとともに，回答者の個人名が特定されることはないこと（個人名が特定できないように，すべての回答をコード化して統計的な処理を行うこと），回答への協力は任意であること，調査目的以外で本調査の結果を公表しないことを明記した。また，

調査票が返送されたことをもって本調査への同意が得られたものとみなした。なお，本調査は，大阪大谷大学文学部・教育学部・人間社会学部研究倫理審査委員会の承認を受けて実施した（第 2018-004 号）。

（4）　調査項目

1）　地域貢献活動の実施状況

　地域貢献活動の実施状況に関する調査項目を設定するにあたり，まず，厚生労働省通知『社会福祉法人による「地域における公益的な取組」の推進について』（2018 年 1 月 23 日付け社援基発第 0123 第 1 号）のなかで提示された“3 つの要件”に含まれる取り組みの具体例を参考とした。すなわち，以下の 3 点である。

　① 　社会福祉事業または公益事業を行うに当たって提供される福祉サービスであること

　② 　対象者が日常生活または社会生活上の支援を必要とする者であること

　③ 　無料または低額な料金で提供されること

　また，筆者が研究会の一員として参加している“なぎさ”の福祉コミュニティ研究会（代表者：岡本榮一）が作成した「社会福祉施設とコミュニティとの協働モデル」である“なぎさ”型福祉コミュニティ概念の評価尺度（新崎　2007）を基軸としつつ，第 3 章で取り上げた質的調査（訪問面接調査）で得られた知見，介護老人福祉施設を対象とした先行研究である呉（2013；2018）が量的調査で用いた評価尺度，島崎ら（2015）が質的分析で抽出した地域貢献活動の効果に関するカテゴリーを参考にした。

　さらには，医療・介護サービス提供施設に従事する理学療法士の地域活動実践評価尺度（渡邊ら　2015）なども参考にして検討を行った。その結果、表 4-1 のとおり、4 つの下位領域（『施設設備・空間の活用』『地域との協働・交流活動』『ボランティアの活用と育成』『生活困窮者・制度

表 4-1　地域貢献活動の実施状況に関する質問項目

下位領域	番号	質問項目
施設設備・空間の活用 （4 項目）	yJ1	地域住民を対象に，施設の建物や設備などを活用した交流やイベント，行事を実施している
	yJ2	地域住民が，施設のフロアやスペースを利用できるように開放している
	yJ3	地域の団体や自治会が，施設のフロアやスペースを活動場所として利用できるように提供している
	yJ4	地域の関係機関やサービス事業者との会議や事例検討会の開催場所として，施設の会議室などを提供している
地域との協働・ 交流活動 （8 項目）	yJ5	地域住民と一緒に，環境・美化活動を実施している
	yJ6	地域住民と一緒に，防犯活動や安全確保のための取り組みを実施している
	yJ7	地域住民と一緒に，自然災害への対策や取り組みを実施している
	yJ8	地域住民を対象に，介護予防や介護技術に関する研修・講演会を実施している
	yJ9	地域住民からの福祉に関する相談に対応している
	yJ10	地域の小・中学校で取り組まれている福祉教育に協力している
	yJ11	地域住民の相互交流のための機会づくりに取り組んでいる
	yJ12	地域住民の連帯意識やつながりの形成に取り組んでいる
ボランティアの活用と 育成 （3 項目）	yJ13	地域住民を対象に，ボランティア活動の担い手となる人材を育成している
	yJ14	地域のボランティア（個人・団体）と一緒に福祉活動を実施している
	yJ15	地域のボランティア（個人・団体）による福祉活動を支援している
生活困窮者・制度 対象外の人への支援 （5 項目）	yJ16	介護報酬や補助金等の対象とはならない人への福祉サービスや事業を無料または低額な料金で実施している
	yJ17	介護報酬や補助金等の対象とはならない福祉サービスや事業を充実・強化することに取り組んでいる
	yJ18	生活困窮者に対して，福祉サービスや事業を無料または低額な料金で実施している
	yJ19	生活困窮者に対して，必要に応じて施設や法人の資産等を活用した追加のサービスを実施している
	yJ20	地域での生活に支援を必要とする人を発見，把握するための仕組みや連絡体制を整備している

対象外の人への支援』）で構成された質問項目（20項目）を設定した。回答選択肢は，「全くそう思わない」「あまりそう思わない」「ややそう思う」「とてもそう思う」の4件法とした。

2）　調査対象施設の基本属性

調査対象施設の基本属性に関する質問項目として，入居定員，開設年，所在地，運営法人（設置主体）が実施している事業の種類の合計4項目を設定した。

3）　調査対象者の基本属性

調査対象者の基本属性に関する質問項目として，性別，年齢，現在の職場での経験年数，所持資格，地域連携担当者としての専従の有無の合計5項目を設定した。なお，地域連携担当者が専従ではなく，兼務である場合はその職種についてもたずねた。

（5）　分析方法

統計分析を行うにあたり，まず，「地域貢献活動の実施状況」（4領域20項目）の質問項目別の回答分布について確認した。次に，回答選択肢（4件法）の「全くそう思わない」に1点，「あまりそう思わない」に2点，「ややそう思う」に3点，「とてもそう思う」に4点を付与して実施度が高いほど高得点となるように配点し，項目別得点および4つの下位領域ごとの得点（以下，領域別得点とする）をそれぞれ算出した。領域別得点については，各領域を構成する項目別得点の合計値を項目数で除した平均値として算出した。

統計分析の手順として，第1に，本研究で設定した「地域貢献活動の実施状況」（20項目）の4つの下位領域（『施設設備・空間の活用』『地域との協働・交流活動』『ボランティアの活用と育成』『生活困窮者・制度対象外の人への支援』）に相当する因子が抽出されるかを検討するため，探索的因子分析（最尤法，Promax回転）を行った。因子の抽出は，固有値

が1.0以上であることを前提として，その大きさの変化をスクリープロットで確認するとともに，因子の解釈可能性を判断基準とした。また，因子負荷量が0.4未満の質問項目，複数の因子に対して高い因子負荷量を示している質問項目を削除対象としながら複数回分析を行った。さらに，抽出された因子間の相関について検証を行った。

　第2に，探索的因子分析で抽出された「地域貢献活動の実施状況」を構成する因子の構成概念妥当性を検討するため，抽出された因子の斜交モデルを設定し，WLSMV（重みづけ最小二乗法の拡張法）を推定方法とする構造方程式モデリングを用いた確認的因子分析を行った。なお，モデルの評価には，全体の評価として χ^2 値，適合度の評価指標としてComparative Fit Index（CFI），Root Mean Square Error of Approximation（RMSEA）を用いた。これらの適合度指標については，CFIが0.95以上であればそのモデルがデータをよく説明していると判断され（豊田　2007：245），RMSEAが0.10以下であればそのモデルを採択すべきではないとされている（小塩　2014：116）。パス係数の有意性は，非標準化係数を標準誤差で除した値（t値）で判断し，その絶対値が1.96以上（5％水準）を示したものについて統計学的に有意とした。

　また，確認的因子分析で検証された因子構造を構成する観測変数を測定尺度とみなしたときの尺度の信頼性については，Cronbachの α 信頼性係数を算出して検討した。

　以上の統計分析について，記述統計量と信頼性係数（Cronbachの α）の算出，および探索的因子分析には「IBM SPSS 28」，構造方程式モデリングを用いた確認的因子分析には「Mplus Version 7.4」を使用した。

3　研究結果

（1）　調査対象施設および調査対象者の基本属性

① 調査対象施設（回答施設）の基本属性

　回答が得られた208施設の基本属性（入居定員，開設年，所在地，運営法人（設置主体）が実施している事業の種類の合計4項目）の単純集計結果は，表4-2および図4-1に示すとおりである。

　入居定員では，「50～100名未満」が143施設（68.8%）と最も多く，以下，「100名以上」が54施設（26.0%），「50名未満」が6施設（2.9%），「無回答」が5施設（2.4%）であった。

　開設年では，「2000年以降」が101施設（48.6%）と最も多く，以下，「1981～1999年」が83施設（39.9%），「1971～1980年」が10施設

表 4-2　調査対象施設（回答施設）の基本属性

質問項目		度数	（%）
入居定員	50名未満	6	2.9
	50～100名未満	143	68.8
	100名以上	54	26.0
	無回答	5	2.4
開設年	1970年以前	8	3.8
	1971～1980年	10	4.8
	1981～1999年	83	39.9
	2000年以降	101	48.6
	無回答	6	2.9
所在地	大阪府	121	58.2
	兵庫県	81	38.9
	無回答	6	2.9

注）小数点以下第2位を四捨五入しているため，合計が100%とならない場合がある

（4.8%），「1970 年以前」が 8 施設 （3.8%），「無回答」が 6 施設 （2.9%）
であった。

　所在地では，「大阪府」が 121 施設 （58.2%），「兵庫県」が 81 施設
（38.9%），「無回答」が 6 施設 （2.9%） であった。

　運営法人 （設置主体） が実施している事業の種類 （複数回答） では，「短
期入所生活介護」が 190 施設 （91.3%） で最も多く，以下，「居宅介護支
援」が 171 施設 （82.2%），「通所介護」が 169 施設 （81.3%） が 8 割以上
であり，「訪問介護」が 114 施設 （54.8%），「地域包括支援センター」が
79 施設 （38.0%） の順であった。

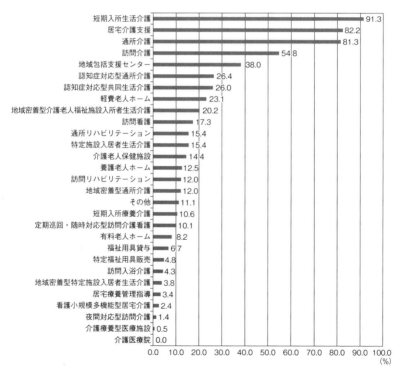

図 4-1　運営法人 （設置主体） が実施している事業の種類

表4-3 調査対象者（回答者）の基本属性

質問項目		度数	（％）
	女性	53	25.5
性別	男性	148	71.2
	無回答	7	3.4
年齢	平均 47.9 歳（標準偏差：10.6，範囲 25-78）		
現在の職場での経験年数	平均 124.7 か月（標準偏差：92.3，範囲 6-373）		
	社会福祉士	74	35.6
	精神保健福祉士	8	3.8
	介護福祉士	110	52.9
	介護支援専門員	122	58.7
所持資格	主任介護支援専門員	28	13.5
（複数回答あり）	介護職員初任者研修修了	6	2.9
	介護職員実務者研修修了	2	1.0
	訪問介護員 1 級	3	1.4
	訪問介護員 2 級	21	10.1
	その他	44	21.2
地域連携担当者としての専従	はい（専従）	6	2.9
の有無	いいえ（兼務）	195	93.8
	無回答	7	3.4
兼務している者の職務（職種）	生活相談員	58	27.9
	介護支援専門員	22	10.6
（複数回答あり）	施設長	103	49.5
	その他	24	11.5

② 調査対象者（回答者）の基本属性

調査対象者（回答者）の基本属性（性別，年齢，現在の職場での経験年数，所持資格，地域連携担当者としての専従の有無の合計 5 項目）の単純集計結果は，表4-3 に示すとおりである。

性別は，「男性」が148 名（71.2%），「女性」が53 名（25.5%），「無回答」が7 名（3.4%）であった。

年齢は，平均 47.9 歳（標準偏差10.6，範囲 25-78）であった。

　現在の職場での経験年数は，平均 124.7 か月（標準偏差 92.3，範囲 6-373）であった。

　所持資格（複数回答あり）では，「介護支援専門員」が 122 名（58.7%）と最も多く，以下，「介護福祉士」が 110 名（52.9%），「社会福祉士」が 74 名（35.6%），「その他」が 44 名（21.2%），「主任介護支援専門員」が 28 名（13.5%），「訪問介護員 2 級」が 21 名（10.1%）の順であった。

　地域連携担当者としての専従の有無では，「いいえ（兼務）」が 195 名（93.8%），「はい（専従）」が 6 名（2.9%），「無回答」が 7 名（3.4%）であった。また，「いいえ（兼務）」と回答した者の職務（職種）（複数回答あり）では，「施設長」が 103 名（49.5%）と最も多く，以下，「生活相談員」が 58 名（27.9%），「その他」が 24 名（11.5%），「介護支援専門員」が 22 名（10.6%）であった。

（2）　地域貢献活動の実施状況に関する記述統計量
①　回答分布
　地域貢献活動の実施状況の回答分布を確認したところ，表 4-4 に示すように，すべての質問項目において特定のカテゴリー（回答選択肢）への回答が過度に集中するなどの著しい偏りは見られなかった。「とてもそう思う」「ややそう思う」の肯定的な回答に着目すると，「yJ9：地域住民からの福祉に関する相談に対応している」が 177 名（85.1%）と最も多く，以下，「yJ1：地域住民を対象に，施設の建物や設備などを活用した交流やイベント，行事を実施している」が 159 名（76.5%），「yJ10：地域の小・中学校で取り組まれている福祉教育に協力している」が 149 名（71.6%）の順であった。

　一方，「yJ13：地域住民を対象に，ボランティア活動の担い手となる人材を育成している」「yJ19：生活困窮者に対して，必要に応じて施設や法人の資産等を活用した追加のサービスを実施している」「yJ5：地域住民

表4-4　地域貢献活動の実施状況の回答分布

領域	番号	質問項目	全く そう思わない		あまり そう思わない		やや そう思う		とても そう思う		無回答	
			度数	(%)	度数	(%)	度数	(%)	度数	(%)	度数	(%)
施設設備・空間の活用	yJ1	地域住民を対象に，施設の建物や設備などを活用した交流やイベント，行事を実施している	16	7.7	29	13.9	68	32.7	91	43.8	4	1.9
	yJ2	地域住民が，施設のフロアやスペースを利用できるように開放している	28	13.5	51	24.5	71	34.1	54	26.0	4	1.9
	yJ3	地域の団体や自治会が，施設のフロアやスペースを活動場所として利用できるように提供している	28	13.5	55	26.4	62	29.8	59	28.4	4	1.9
	yJ4	地域の関係機関やサービス事業者との会議や事例検討会の開催場所として，施設の会議室などを提供している	21	10.1	42	20.2	69	33.2	73	35.1	3	1.4
地域との協働・交流活動	yJ5	地域住民と一緒に，環境・美化活動を実施している	62	29.8	63	30.3	45	21.6	33	15.9	5	2.4
	yJ6	地域住民と一緒に，防犯活動や安全確保のための取り組みを実施している	59	28.4	61	29.3	55	26.4	29	13.9	4	1.9
	yJ7	地域住民と一緒に，自然災害への対策や取り組みを実施している	42	20.2	59	28.4	61	29.3	42	20.2	4	1.9
	yJ8	地域住民を対象に，介護予防や介護技術に関する研修・講演会を実施している	44	21.2	42	20.2	54	26.0	63	30.3	5	2.4
	yJ9	地域住民からの福祉に関する相談に対応している	8	3.8	20	9.6	58	27.9	119	57.2	3	1.4
	yJ10	地域の小・中学校で取り組まれている福祉教育に協力している	24	11.5	30	14.4	68	32.7	81	38.9	5	2.4
	yJ11	地域住民の相互交流のための機会づくりに取り組んでいる	26	12.5	60	28.8	72	34.6	47	22.6	3	1.4
	yJ12	地域住民の連帯意識やつながりの形成に取り組んでいる	39	18.8	62	29.8	57	27.4	47	22.6	3	1.4
ボランティアの活用と育成	yJ13	地域住民を対象に，ボランティア活動の担い手となる人材を育成している	54	26.0	79	38.0	43	20.7	28	13.5	4	1.9
	yJ14	地域のボランティア（個人・団体）と一緒に福祉活動を実施している	37	17.8	56	26.9	68	32.7	42	20.2	5	2.4
	yJ15	地域のボランティア（個人・団体）による福祉活動を支援している	28	13.5	61	29.3	74	35.6	41	19.7	4	1.9
生活困窮者・制度対象外の人への支援	yJ16	介護報酬や補助金等の対象とはならない人への福祉サービスや事業を無料または低額な料金で実施している	57	27.4	57	27.4	44	21.2	45	21.6	5	2.4
	yJ17	介護報酬や補助金等の対象とはならない福祉サービスや事業を充実・強化することに取り組んでいる	54	26.0	62	29.8	59	28.4	28	13.5	5	2.4
	yJ18	生活困窮者に対して，福祉サービスや事業を無料または低額な料金で実施している	51	24.5	54	26.0	45	21.6	52	25.0	6	2.9
	yJ19	生活困窮者に対して，必要に応じて施設や法人の資産等を活用した追加のサービスを実施している	69	33.2	66	31.7	24	16.3	33	15.9	6	2.9
	yJ20	地域での生活に支援を必要とする人を発見，把握するための仕組みや連絡体制を整備している	37	17.8	66	31.7	47	22.6	53	25.5	5	2.4

と一緒に，環境・美化活動を実施している」の 3 項目については，肯定
的な回答割合が 40%に満たなかった。

　②　項目別得点および領域別得点

　項目別得点および領域別得点の平均値を算出した結果，表 4-5 に示す
とおり，項目別得点では「yJ9：地域住民からの福祉に関する相談に対応
している」が 3.40（±0.82）点と最も高く，以下，「yJ2：地域住民が，施
設のフロアやスペースを利用できるように開放している」が 3.14（±0.94）
点，「yJ10：地域の小・中学校で取り組まれている福祉教育に協力してい
る」が 3.01（±1.01）点，「yJ4：地域の関係機関やサービス事業者との会
議や事例検討会の開催場所として，施設の会議室などを提供している」
が 2.95（±0.99）点の順であった。

　領域別得点では，『施設設備・空間の活用』領域が 2.89（±0.80）点，
『地域との協働・交流活動』領域が 2.66（±0.71）点，『ボランティアの活
用と育成』領域が 2.47（±0.83）点，『生活困窮者・制度対象外の人への
支援』領域が 2.37（±0.88）点であった。

（3）　因子構造モデルの検討

　介護老人福祉施設による地域貢献活動の実施状況（20 項目）に関する
因子構造を検討するために，探索的因子分析（最尤法，Promax 回転）を
行った。その結果，固有値 1.0 以上の因子は 3 つであり，固有値の変化は
第 3 因子以降で傾きが小さくなる傾向が見られた。また，因子負荷量が
0.4 未満の項目を削除しながら複数回分析を行い，Promax 回転後の因子
パターン行列を確認した結果，地域貢献活動の実施状況は 3 因子構造（12
項目）が妥当であると判断した。Promax 回転後の最終的な因子パターン
行列および因子間相関は，表 4-6 に示すとおりである。

　第 1 因子は，「yJ12：地域住民の連帯意識やつながりの形成に取り組
んでいる」「yJ6：地域住民と一緒に，防犯活動や安全確保のための取り

表 4-5　地域貢献活動の実施状況の項目別得点および領域別得点（平均値）

領域	番号	質問項目	項目別得点	領域別得点
施設設備・空間の活用	yJ1	地域住民を対象に，施設の建物や設備などを活用した交流やイベント，行事を実施している	2.75（±1.24）	2.89（±0.80）
	yJ2	地域住民が，施設のフロアやスペースを利用できるように開放している	3.14（±0.94）	
	yJ3	地域の団体や自治会が，施設のフロアやスペースを活動場所として利用できるように提供している	2.74（±1.00）	
	yJ4	地域の関係機関やサービス事業者との会議や事例検討会の開催場所として，施設の会議室などを提供している	2.95（±0.99）	
地域との協働・交流活動	yJ5	地域住民と一緒に，環境・美化活動を実施している	2.24（±1.06）	2.66（±0.71）
	yJ6	地域住民と一緒に，防犯活動や安全確保のための取り組みを実施している	2.26（±1.03）	
	yJ7	地域住民と一緒に，自然災害への対策や取り組みを実施している	2.50（±1.04）	
	yJ8	地域住民を対象に，介護予防や介護技術に関する研修・講演会を実施している	2.67（±1.13）	
	yJ9	地域住民からの福祉に関する相談に対応している	3.40（±0.82）	
	yJ10	地域の小・中学校で取り組まれている福祉教育に協力している	3.01（±1.01）	
	yJ11	地域住民の相互交流のための機会づくりに取り組んでいる	2.68（±0.97）	
	yJ12	地域住民の連帯意識やつながりの形成に取り組んでいる	2.55（±1.05）	
ボランティアの活用と育成	yJ13	地域住民を対象に，ボランティア活動の担い手となる人材を育成している	2.22（±0.99）	2.47（±0.83）
	yJ14	地域のボランティア（個人・団体）と一緒に福祉活動を実施している	2.57（±1.01）	
	yJ15	地域のボランティア（個人・団体）による福祉活動を支援している	2.62（±0.96）	
生活困窮者・制度対象外の人への支援	yJ16	介護報酬や補助金等の対象とはならない人への福祉サービスや事業を無料または低額な料金で実施している	2.38（±1.12）	2.37（±0.88）
	yJ17	介護報酬や補助金等の対象とはならない福祉サービスや事業を充実・強化することに取り組んでいる	2.30（±1.01）	
	yJ18	生活困窮者に対して，福祉サービスや事業を無料または低額な料金で実施している	2.49（±1.13）	
	yJ19	生活困窮者に対して，必要に応じて施設や法人の資産等を活用した追加のサービスを実施している	2.15（±1.07）	
	yJ20	地域での生活に支援を必要とする人を発見，把握するための仕組みや連絡体制を整備している	2.57（±1.07）	

表 4-6　地域貢献活動の実施状況に関する探索的因子分析結果
　　　　（Promax 回転後）

番号	質問項目	抽出された因子		
		地域との協働・交流と人材育成	施設設備・空間の活用	生活困窮者・制度対象外の人への支援
yJ12	地域住民の連帯意識やつながりの形成に取り組んでいる	0.845	−0.048	−0.101
yJ6	地域住民と一緒に，防犯活動や安全確保のための取り組みを実施している	0.843	−0.107	−0.009
yJ14	地域のボランティア（個人・団体）と一緒に福祉活動を実施している	0.780	0.058	−0.075
yJ5	地域住民と一緒に，環境・美化活動を実施している	0.693	0.033	−0.075
yJ11	地域住民の相互交流のための機会づくりに取り組んでいる	0.680	−0.017	0.057
yJ13	地域住民を対象に，ボランティア活動の担い手となる人材を育成している	0.633	−0.025	0.050
yJ7	地域住民と一緒に，自然災害への対策や取り組みを実施している	0.525	0.045	0.091
yJ10	地域の小・中学校で取り組まれている福祉教育に協力している	0.497	−0.063	0.076
yJ15	地域のボランティア（個人・団体）による福祉活動を支援している	0.475	0.146	0.168
yJ8	地域住民を対象に，介護予防や介護技術に関する研修・講演会を実施している	0.474	0.270	0.031
yJ2	地域住民が，施設のフロアやスペースを利用できるように開放している	−0.055	0.958	−0.065
yJ3	地域の団体や自治会が，施設のフロアやスペースを活動場所として利用できるように提供している	−0.118	0.932	−0.028
yJ1	地域住民を対象に，施設の建物や設備などを活用した交流やイベント，行事を実施している	0.263	0.513	−0.028
yJ4	地域の関係機関やサービス事業者との会議や事例検討会の開催場所として，施設の会議室などを提供している	0.051	0.457	0.140
yJ19	生活困窮者に対して，必要に応じて施設や法人の資産等を活用した追加のサービスを実施している	−0.053	−0.011	0.923
yJ18	生活困窮者に対して，福祉サービスや事業を無料または低額な料金で実施している	0.001	−0.073	0.872
yJ16	介護報酬や補助金等の対象とはならない人への福祉サービスや事業を無料または低額な料金で実施している	0.178	0.184	0.473
因子相関行列	第 1 因子	1.000		
	第 2 因子	0.630	1.000	
	第 3 因子	0.589	0.443	1.000

組みを実施している」「yJ5：地域住民と一緒に，環境・美化活動を実施している」など7項目，および『ボランティアの活用と育成』領域の「yJ14：地域のボランティア（個人・団体）と一緒に福祉活動を実施している」「yJ13：地域住民を対象に，ボランティア活動の担い手となる人材を育成している」「yJ15：地域のボランティア（個人・団体）による福祉活動を支援している」の3項目の合計10項目で構成された。そのため，『地域との協働・交流と人材育成』因子として解釈した。

　第2因子は，『施設設備・空間の活用』領域の全4項目（「yJ2：地域住民が，施設のフロアやスペースを利用できるように開放している」「yJ3：地域の団体や自治会が，施設のフロアやスペースを活動場所として利用できるように提供している」「yJ1：地域住民を対象に，施設の建物や設備などを活用した交流やイベント，行事を実施している」「yJ4：地域の関係機関やサービス事業者との会議や事例検討会の開催場所として，施設の会議室などを提供している」）で構成された。そのため，当初の設定どおり『施設設備・空間の活用』因子として解釈した。

　第3因子は，『生活困窮者・制度対象外の人への支援』領域の全5項目のうち，因子負荷量が0.4未満の2項目が除外され，3項目（「yJ19：生活困窮者に対して，必要に応じて施設や法人の資産等を活用した追加のサービスを実施している」「yJ18：生活困窮者に対して，福祉サービスや事業を無料または低額な料金で実施している」「yJ16：介護報酬や補助金等の対象とはならない人への福祉サービスや事業を無料または低額な料金で実施している」）で構成された。そのため，当初の設定どおり『生活困窮者・制度対象外の人への支援』因子として解釈した。

　また，因子間相関について確認したところ，0.443〜0.630の範囲で相関がみられた。特に，第1因子（地域との協働・交流と人材育成）と第2因子（『施設設備・空間の活用』因子）の間で0.6以上、第1因子（地域との協働・交流と人材育成）と第3因子（『生活困窮者・制度対象外の人

への支援）の間で 0.5 以上の比較的高い相関係数が示された。

　次に，探索的因子分析によって判断された 3 因子構造の構成概念妥当性について確認するため，抽出された 3 因子を下位因子とする "3 因子斜交モデル" を設定し，WLSMV を推定方法とする構造方程式モデリングを用いた確認的因子分析を行い，データに対するモデルの適合度を検討した。

　その結果，$\chi^2(\mathrm{df})$ が 378.186（116），CFI が 0.936，RMSEA が 0.107 と統計学的な許容水準を満たしていなかった。そこで，Mpuls が算出した修正指標を踏まえて，「yJ2：地域住民が，施設のフロアやスペースを利用できるように開放している」と「yJ3：地域の団体や自治会が，施設のフロアやスペースを活動場所として利用できるように提供している」の誤差間，および「yJ19：生活困窮者に対して，必要に応じて施設や法人の資産等を活用した追加のサービスを実施している」と「yJ18：生活困窮者に対して，福祉サービスや事業を無料または低額な料金で実施している」の誤差間に共分散を認めて再度検討を行った。その結果，図 4-2 に示すように，このモデルのデータへの適合度は，$\chi^2(\mathrm{df})$ が 297.311（114），CFI が 0.955，RMSEA が 0.090 であり，いずれも統計学的な許容水準（5％水準）を満たしていた。

　また，構造方程式モデリングで検証された因子構造を構成する観測変数を測定尺度とみなしたときの尺度の信頼性については，Cronbach の α 信頼性係数を算出して検討した。その結果，『地域との協働・交流と人材育成』因子が 0.893，『施設設備・空間の活用』因子が 0.822，『生活困窮者・制度対象外の人への支援』因子が 0.830 であり，統計学的に高い信頼性を有することが示された。

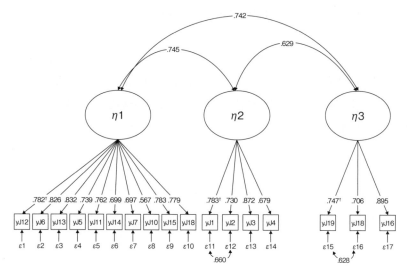

図 4-2　地域貢献活動の実施状況の因子構造モデル（標準化解）

※ εは誤差変数である。

※†はモデルの識別のために制約を加えた箇所である。また，図中のパス係数はすべて 0.1 水準で有意である。

4　考　　察

（1）　地域貢献活動の実施状況の項目別得点

　地域貢献活動の実施状況の項目別得点を比較してみると，「yJ9：地域住民からの福祉に関する相談に対応している」「yJ2：地域住民が施設のフロアやスペースを利用できるように開放している」「yJ10：地域の小・中学校で取り組まれている福祉教育に協力している」の３項目で項目別得点（平均値）が３点以上であり，相対的に高いことが示された。これらの項目については，介護老人福祉施設における福祉従事者の専門性や建物・設備を活かすことで実施可能な内容であり，かつ，既存の実施事業や職務と関わりのある行事，活動のなかに組み入れるかたちであるため，比較的

実施しやすいのではないかと考えられる。また，福祉教育への協力に関しては，地域の小・中学校からの要請を受けるかたちで実施されているものと考えられる。

一方，「yJ19：生活困窮者に対して，必要に応じて施設や法人の資産等を活用した追加のサービスを実施している」など『生活困窮者・制度対象外の人への支援』領域の項目や「yJ13：地域住民を対象に，ボランティア活動の担い手となる人材を育成している」「yJ5：地域住民と一緒に，環境・美化活動を実施している」「yJ6：地域住民と一緒に，防犯活動や安全確保のための取り組みを実施している」については，項目別得点（平均値）が2点台前半にとどまり，相対的に低いことが示された。これらの項目については，既存の実施事業や職務と関わりのある行事，活動とは異なる内容，あるいは既存事業や職務と関わりのある行事，活動のなかに組み入れにくい内容であり，人員や運営面などの観点から実施が難しいためではないかと考えられる。つまり，地域貢献活動の実施状況については，既存の実施事業や職務と関わりのある行事，活動との関係性の強さによる影響を強く受けていることが推察される。

（2） 地域貢献活動の実施状況に関する因子構造

まず，介護老人福祉施設における地域貢献活動の実施状況の因子構造を明らかにするために，4つの下位領域で構成された合計20項目の地域貢献活動尺度を設定し，探索的因子分析を行った。その結果，固有値の大きさの変化および因子の解釈可能性の観点から，『地域との協働・交流と人材育成』『施設設備・空間の活用』『生活困窮者・制度対象外の人への支援』の3因子構造であると判断した。これらの3因子のうち，第2因子『施設設備・空間の活用』および第3因子『生活困窮者・制度対象外の人への支援』については，先行研究等を用いて設定した下位領域として抽出されたが，第1因子『地域との協働・交流と人材育成』については，『地域と

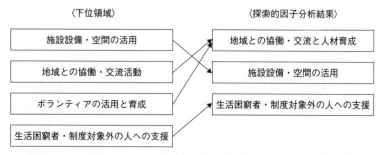

図4-3　本研究で設定した下位領域と探索的因子分析結果の比較

の協働・交流活動』と『ボランティアの活用と育成』の2つの下位領域が
1つの因子として抽出されるかたちとなった。図4-3は，調査の実施前に
設定した下位領域と探索的因子分析によって抽出された因子を比較したも
のである。

　第1因子は，『地域との協働・交流活動』領域の10項目のうち，因子
負荷量が0.4未満で削除された1項目（「yJ9：地域住民からの福祉に関す
る相談に対応している」）を除く7項目と『ボランティアの活用と育成』
領域の全3項目の合計10項目で構成された。つまり，『地域との協働・交
流活動』領域と『ボランティアの活用と育成』領域については，地域貢献
活動への取り組みのなかで区別されるものではなく，一体的に捉えられて
いるものと考えられる。辰巳ら（2015）は，介護施設等で活動している
ボランティアについて，「地域包括ケアシステムにおいて，要介護者，介
護家族を地域で支える重要な人的資源である」と指摘している。また，高
木（2010）は，社会福祉施設による地域福祉推進のための方法の一つが
ボランティア活動であること，そして，多様な動機や参加形態をとるボラ
ンティアに対応した受け入れをしていくためには，ボランティアマネジメ
ントに基づいたボランティア支援を実施することが必要であると指摘して
いる。実際のところ，社会福祉施設がボランティアの受け入れ組織として
地域福祉推進に果たす役割は大きい。たとえば，地域における環境・美化

活動や防犯活動や安全確保のための取り組み，自然災害への対策や取り組みなどにおいて，地域住民で組織されたボランティア団体との連携や協働は欠かせないであろう。また，これらの活動や取り組みを継続的かつ発展的に実施していくためには，その担い手となる地域住民やボランティアの確保と育成も重要であることを示唆している。さらには，第1因子の寄与率の高さや因子間相関の高さから，『地域との協働・交流と人材育成』が地域貢献活動の実施状況に関する中核的な因子として位置づけられるとともに，地域貢献活動の実施における重要な下位領域であることが示唆される。

　第2因子は，『施設設備・空間の活用』領域の全4項目で構成されており，当初の設定領域どおりの因子抽出となった。介護老人福祉施設では，地域住民や地域の団体や自治会，地域の関係機関やサービス事業者に対して施設のフロアやスペースを提供，開放すること，また，施設の建物や設備などを活用した交流やイベント、行事の実施に取り組んでいることが示された。地域住民や地域の組織・団体，自治会・町内会などが主導して地域福祉活動を行うにあたり，活動場所やスペースの確保の問題が大きいことが指摘されている（中村ら　2018：中村　2019；上濱　2019；湯元　2009ほか）。また，地域の関係機関やサービス事業者が相互連携・協働による活動を企画，立案し，検討するための会議を開催するためには，一定の人数を集めることができる場所の確保が必要となる。このような状況において，介護老人福祉施設が有するフロアやスペース，会議室等は，「指定介護老人福祉施設の人員，設備及び運営に関する基準」における設備基準を満たしている空間であるとともに，高い安全性を有しており，衛生管理も行き届いている。もちろん，これらの施設設備・空間を提供，開放するための調整は必要となるが，施設設備・空間の有効活用という側面からも介護老人福祉施設における地域貢献活動の重要な要素となっていることが推測される。

　第3因子は、『生活困窮者・制度対象外の人への支援』領域の5項目のうち、因子負荷量が0.4未満であった2項目（「yJ17：介護報酬や補助金等の対象とはならない福祉サービスや事業を充実・強化することに取り組んでいる」「yJ20：地域での生活に支援を必要とする人を発見、把握するための仕組みや連絡体制を整備している」）を除く3項目で構成された。第2章でも触れたように、生活困窮者・制度対象外の人への支援については、2015年4月17日の厚生労働省通知のなかで、社会福祉法人が「社会福祉事業に係る福祉サービスの供給確保の中心的役割を果たすだけでなく、既存の制度の対象とならないサービスに対応していくこと」を本旨とすることが「地域における公益的な取組」の解釈の一つとして明示されている。このことから、地域貢献活動の一環として『生活困窮者・制度対象外の人への支援』に取り組んでいることが推測される。ただし、因子の下位項目の項目別得点が相対的に低く、その取り組みが十分に実施されているとはいえない。そのため、生活困窮者や制度対象外の人などへの支援を積極的に展開していくための対策を講じていくことが必要である。

　また、探索的因子分析によって抽出された『地域との協働・交流と人材育成』『施設設備・空間の活用』『生活困窮者・制度対象外の人への支援』の3因子の斜交モデルを設定し、構造方程式モデリングを用いた確認的因子分析を行った。その結果、モデルの適合度は統計学的な許容水準を満たしており、このモデルがデータによって支持されたことが確認された。特に、『地域との協働・交流と人材育成』と『施設設備・空間の活用』、『地域との協働・交流と人材育成』と『生活困窮者・制度対象外の人への支援』の潜在変数間で高い相関係数が示されていることから、『地域との協働・交流と人材育成』が地域貢献活動を構成する重要な下位因子であることが示唆される。本研究によって、地域貢献活動尺度の構成概念妥当性（『地域との協働・交流と人材育成』『施設設備・空間の活用』『生活困窮者・制度対象外の人への支援』の3因子構造）が支持されたことは、地域

貢献活動の実施状況に関する評価尺度の開発に向けた出発点となるものと考えられる。

　また，尺度の信頼性については，Cronbach の α 係数を算出した結果，「地域貢献活動」尺度（17 項目）全体で 0.9 以上，また各因子でも 0.8 以上であり，統計学的に十分な数値が得られた。したがって，本研究で設定した地域貢献活動尺度（17 項目）は，内的一貫性をもつ尺度であることが確認された。

5　小　　括

　本章では，介護老人福祉施設における「地域貢献活動の実施状況」を測定するための評価尺度の開発に向けた第一段階として，尺度の因子構造を検討することを目的とした。先行研究を踏まえて作成された尺度（20 項目）を用いて郵送調査を行い，収集した数量データを用いて探索的因子分析の結果を基礎とした 3 因子の斜交モデル（17 項目）を設定し，構造方程式モデリングを用いた確認的因子分析を行ってモデルの適合度を検討した。その結果，3 因子構造の地域貢献活動尺度（17 項目）は，統計学的な許容水準を満たしていた。また，Cronbach の α 係数を算出した結果，内的一貫性を有する尺度であることが確認された。以上の解析結果から，本研究で作成した地域貢献活動尺度（17 項目）は，『地域との協働・交流と人材育成』『施設設備・空間の活用』『生活困窮者・制度対象外の人への支援』の 3 つの下位領域による構造であること，また，3 領域 17 項目の尺度としての信頼性（内的一貫性）と妥当性（構成概念妥当性）を有することが確認された。

　ただし，本研究は調査対象地域を近畿圏（大阪府および兵庫県）に限定している。今後，評価尺度の作成につなげていくためには，全国単位で調査を実施してデータを収集し，本研究と同様の 3 因子構造が確認できる

のかを検証していく必要がある。また，外的基準を用いた構成概念妥当性
について検証していくことも求められるであろう。さらには，質問項目の
内容や文章表現などについても検討や見直しの余地が残されているであろ
う。

　以上のように，介護老人福祉施設による「地域貢献活動の実施状況」を
測定する評価尺度を作成するための今後の検討課題は多いが，3領域17
項目の尺度としての信頼性（内的一貫性）と妥当性（構成概念妥当性）が
確認できたことから，次章以降においても本尺度を用いた統計解析を行っ
ていく。

〈文献〉

新崎国広（2007）「岡村地域福祉論となぎさのコミュニティの展開」右田紀久恵・白澤政
　　和監修，牧里毎治・岡本榮一・高森敬久編著『岡村理論の継承と展開②　自治型社会
　　福祉と地域福祉』ミネルヴァ書房，245-260.

古谷野亘（1988）『数学が苦手な人のための多変量解析ガイド』川島書店，145-147.

中村美安子・大原一興・藤岡泰寛ほか（2018）「空き家活用による住民福祉活動拠点に関
　　する研究：地区社会福祉協議会に関する全国調査から」『神奈川県立保健福祉大学誌』
　　15（1），29-37.

中村久美（2019）「地域コミュニティとしての「ふれあい・いきいきサロン」の持続性と
　　包括性に関する研究」『日本家政学会誌』70（7），403-415.

小塩真司（2014）『はじめての共分散構造分析 ― Amos によるパス解析（第2版）』東京
　　図書，116.

呉世雄（2013）「介護老人福祉施設の地域貢献活動の実施に影響を及ぼす要因」『日本の
　　地域福祉』26，65-77.

呉世雄（2018）「社会福祉法人施設の地域貢献活動の実施状況に関する研究 ― 地域貢献
　　活動尺度の因子構造とその特徴を基に―」『日本の地域福祉』31，29-40.

島崎剛・竹下徹・田島望（2015）「特別養護老人ホーム職員から見た地域貢献活動の有効
　　性〜テキストマイニングによる探索的検討〜」『地域福祉実践研究』6，9-47.

辰巳俊見・梯正之「介護施設等で活動するボランティアの人的資源の可能性について」
　　『日本認知症ケア学会誌』14（3），656-666.

高木寛之（2010）「福祉施設におけるボランティア受け入れの方法に関する研究：ボラン

ティア支援を通じた地域福祉推進のあり方」『人間関係学研究（大妻女子大学人間関係学部紀要)』12，85-97.

豊田秀樹（2007）『共分散構造分析 [Amos 編 — 構造方程式モデリング —]』東京図書，245.

上濱裕樹（2019）「介護予防事業を継続的に展開するための有効なプログラムの検討」『九州理学療法士学術大会誌』85.

湯元均（2009）「北海道江別地区に於ける季節変化が外出行動等に与える影響について」『理学療法学 Supplement』E3P1213.

渡邊勧・岩井浩一・山口忍ほか（2015）「地域包括ケアシステム推進に向けた理学療法士の地域活動実践評価尺度の開発と信頼性，妥当性の検討」『理学療法科学』30（5），745-753.

第 **5** 章

地域貢献活動の関連要因
― 活動基盤の形成状況 ―

1　本章の目的

　第3章で取り上げたように，介護老人福祉施設が地域貢献活動に取り組むことの意義として，地域住民との交流によって潜在的ニーズを有する高齢者に関する情報が把握できること，施設の認知度が向上すること，地域住民に対して福祉に関する専門的知識や情報を提供したり，地域の社会資源との連絡調整を通じて地域住民の福祉に関する相談対応ができることが示唆されている。しかし，その一方で，市町村との連携不足や認識の乖離があること，地域住民とのつながりの維持・強化への障壁があるという困難さも認識されている。そのため，地域貢献活動への取り組みを促進させていくことは決して容易ではないが，多くの介護老人福祉施設の施設長が地域福祉を担う，地域に根ざした施設として機能していくために地域との連携を強化し，地域で選ばれる施設の運営を志向していることが指摘されている（特定非営利活動法人介護保険市民オンブズマン機構大阪　2008：23）。

　介護老人福祉施設が地域貢献活動に取り組むためには，そのための活動基盤を形成することが重要となる。また，その前提として，何が活動基盤として求められるのかが検討されなければならない。介護老人福祉施設

による地域貢献活動は，利用者への直接的なケア提供なども含めて，当該施設を運営する社会福祉法人の経営管理の下で行われるが，これらの活動を実現可能とするための3大生産要素が「人員」「施設・設備」，そして「財源」であり（京極　2017：39-43），そこに「情報」を加えた4つの要素とその「マネジメント」も必要である。さらに，村井（2016）は，社会福祉法人の基本理念は，「地域における社会福祉法人はこうあるべきという姿」を示すものであり，地域福祉戦略の原動力として大切であると考えられると指摘している。以上のような知見を踏まえると，人員と施設・設備，財源，情報の要素とマネジメント，法人理念，そして法人理念に基づく施設の理念や基本方針が地域貢献活動のための基盤を形成していると考えられる。

　また，当然のことながら，これらの活動基盤を形成する要素は社会福祉法人の経営に大きく関与している。そのため，介護老人福祉施設による地域貢献活動のための活動基盤を形成するためには，介護老人福祉施設を運営する社会福祉法人の経営基盤の強さが求められる。このことに関して，社会福祉法第24条第1項「経営の原則等」では，社会福祉法人に対して，自主的に経営基盤の強化を図ることを義務づけている[1]。そして，この経営基盤の強さが地域貢献活動を促進することが考えられる。

　地域貢献活動の実施状況と活動基盤の形成状況の関連について，調査データを用いて検証した先行研究は非常に少ないが，呉（2013）は，施設の経営特性（「人材育成・活用」「自治体との関係」「地域社会との連携」「法人・施設の方針」の4要因）に対する肯定的な認識が地域貢献活動の実施に有意な影響を及ぼしていること，また，「法人・施設の方針」の影響力が最も大きいこと指摘している。そのため，地域貢献活動を促進していくためには，法人の基本理念のなかに地域貢献活動への取り組みが明文化され，それが施設全体で周知・理解されていることが重要であると考えられる。一方，第2章で取り上げたように，2016年4月の社会福祉法の

改正で「地域における公益的な取組」が創設され，社会福祉法人が直接的または間接的に地域の社会福祉の向上につながる活動に取り組むことが責務として規定されるなど，社会福祉法人を取り巻く状況は刻々と変化している。社会福祉法の改正以前に実施された先行研究の知見は，このような変化を超えて有用といえるのかを検証するとともに，社会福祉法改正の前後で地域貢献活動のための活動基盤の形成状況に違いがみられるのかを検証する必要がある。

　そこで，本章では，地域貢献活動のための活動基盤の形成状況の下位構造について検討するとともに，地域貢献活動の実施状況（3つの下位領域（因子））との関連の大きさについて明らかにすることを目的とした。

2　研究方法

　調査対象，調査方法，倫理的配慮については，第4章で取り上げたとおりである。

（1）　調査項目
　①　地域貢献活動の実施状況
　第4章で取り上げているので省略する。
　②　地域貢献活動のための活動基盤の形成状況
　介護老人福祉施設が地域貢献活動を実施していくためには，施設として「地域社会に貢献しよう」という意向を施設全体で共有し，そのための実施体制を構築するための活動基盤の形成に向けた取り組みが求められる。そして，これらの取り組みが地域貢献活動の実施状況に影響を与えていることが考えられる。岡本榮一（2010：77-87）は，第1章で取り上げたなぎさの福祉コミュニティ概念を構成する下位概念の一つとして，施設が地域志向経営を行うための主体的な取り組みを「地域志向概念」とし

表5-1　地域貢献活動のための活動基盤の形成状況に関する質問項目

番号	質問項目
yT1	地域貢献活動への取り組みが，施設の理念や基本方針のなかに明文化されている
yT2	地域貢献活動への取り組みが，施設全体で周知されている
yT3	地域貢献活動への取り組みが，施設の事業計画のなかに位置づけられている
yT4	地域貢献活動への取り組みに必要な予算が計上されている
yT5	地域貢献活動への取り組みに必要な人員（職員）が確保されている
yT6	地域貢献活動への取り組みに必要な設備や場所が確保されている
yT7	地域貢献活動に取り組むためにマネジメント体制が構築されている
yT8	地域のニーズや動向に関する情報を把握し，分析している
yT9	地域貢献活動の質の向上に向けた取り組みを実施している
yT10	地域の福祉力向上に向けた取り組みを実施している

て位置づけている。また，その下位項目として，施設・地域関係への積極的な取り組みが施設の経営方針などに明文化されていること，それが組織全体へ周知されていること，事業計画化され，予算を伴っていることなどをあげている。そこで，本研究では，なぎさの福祉コミュニティ概念における「地域志向概念」の評価尺度を参考にして，表5-1のとおり，地域貢献活動のための活動基盤の形成状況に関する質問項目（10項目）を設定した。回答選択肢は，「全くそう思わない」「あまりそう思わない」「ややそう思う」「とてもそう思う」の4件法とした。

（2）分析方法

　統計分析を行うにあたり，まず，本研究で設定した「地域貢献活動のための活動基盤の形成状況」（10項目）の質問項目別の回答分布について確認した。また，回答選択肢（4件法）の「全くそう思わない」に1点，「あまりそう思わない」に2点，「ややそう思う」に3点，「とてもそう思う」に4点を付与し，形成状況の程度が高いほど高得点となるように配点

して項目別得点をそれぞれ算出した。

　統計分析の手順として，第1に，「地域貢献活動のための活動基盤の形成状況」（10項目）の構造について把握するために，探索的因子分析（最尤法，Promax回転）を行った。第2に，「地域貢献活動のための活動基盤の形成状況」と「地域貢献活動の実施状況（3つの下位領域（因子））」の間に相関関係が見られるのかを検討するために，それぞれの下位因子を構成する質問項目の合計得点を用いてPearsonの積率相関係数による相関分析を行った。第3に，「地域貢献活動のための活動基盤の形成状況」の下位因子を構成する質問項目の合計得点を独立変数，施設特性（入居定員，開設年，運営法人（設置主体）が実施している事業数）を調整変数，「地域貢献活動の実施状況」の3つの下位因子を構成する質問項目の合計得点をそれぞれ従属変数として，一括投入法による重回帰分析を行った。独立変数の施設特性のうち，4つの回答選択肢を用いて尋ねた開設年については，「2000年以前」を「0」，「2000年以降」を「1」とするダミー変数を作成して分析に用いた。なお，重回帰分析では，多重共線性の問題に留意する必要がある。これは，分析に投入した独立変数の間に強い相関がある場合，独立変数と従属変数の相関係数と標準偏回帰係数（β）の符号が逆転するなどの矛盾した分析結果が生じることで，データの解釈が困難となるという問題である（繁桝ら　2008：106）。そこで，共線性の統計量であるVIF値を用いて多重共線性の問題の有無を確認した。VIF値については，一般的に10以上である場合は多重共線性の問題が生じている疑いがあると判断される（Chatterjee, S. and Price, B. 1991：189-193）。そこで，本章でもこの基準を採用することにした。

3　研 究 結 果

（1）　記述統計量

①　回答分布

「地域貢献活動のための活動基盤の形成状況（10項目）」の回答分布を確認したところ，表5-2に示すように，すべての質問項目において特定

表5-2　地域貢献活動のための活動基盤の形成状況の回答分布

番号	質問項目	全くそう思わない		あまりそう思わない		ややそう思う		とてもそう思う		無回答	
		度数	（%）	度数	（%）	度数	（%）	度数	（%）	度数	（%）
yT1	地域貢献活動への取り組みが，施設の理念や基本方針のなかに明文化されている	8	4.2	32	16.8	55	28.8	92	48.2	4	2.1
yT2	地域貢献活動への取り組みが，施設全体で周知されている	12	6.3	57	29.8	73	38.2	45	23.6	4	2.1
yT3	地域貢献活動への取り組みが，施設の事業計画のなかに位置づけられている	6	3.1	32	16.8	68	35.6	81	42.4	4	2.1
yT4	地域貢献活動への取り組みに必要な予算が計上されている	25	13.1	72	37.7	55	28.8	33	17.3	6	3.1
yT5	地域貢献活動への取り組みに必要な人員（職員）が確保されている	31	16.2	74	38.7	44	23.0	37	19.4	5	2.6
yT6	地域貢献活動への取り組みに必要な設備や場所が確保されている	21	11.0	63	33.0	70	36.6	32	16.8	5	2.6
yT7	地域貢献活動に取り組むためにマネジメント体制が構築されている	40	20.9	84	44.0	44	23.0	18	9.4	5	2.6
yT8	地域のニーズや動向に関する情報を把握し，分析している	26	13.6	66	34.6	71	37.2	23	12.0	5	2.6
yT9	地域貢献活動の質の向上に向けた取り組みを実施している	30	15.7	72	37.7	61	31.9	23	12.0	5	2.6
yT10	地域の福祉力向上に向けた取り組みを実施している	32	16.8	67	35.1	66	34.6	21	11.0	5	2.6

のカテゴリー（回答選択肢）への回答が過度に集中するなど，回答の著しい偏りはみられなかった。「とてもそう思う」「ややそう思う」の肯定的な回答に着目すると，「yT3：地域貢献活動への取り組みが，施設の事業計画のなかに位置づけられている」が149名（78.0%）と最も多く，以下，「yT1：地域貢献活動への取り組みが，施設の理念や基本方針のなかに明文化されている」が147名（77.0%），「yT2：地域貢献活動への取り組みが、施設全体で周知されている」が118名（61.8%），「yT6：地域貢献活動への取り組みに必要な設備や場所が確保されている」が102名（53.4%），「yT8：地域のニーズや動向に関する情報を把握し，分析している」が94名（49.2%）の順であった。一方，肯定的な回答が最も少なかった項目は，「yT7：地域貢献活動に取り組むためにマネジメント体制が構築されている」の62名（32.4%）であった。

　②　項目別得点

　項目別得点の平均値を算出した結果，表5-3に示すとおり，「yT1：地域貢献活動への取り組みが，施設の理念や基本方針のなかに明文化されている」が3.24（±0.88）点と最も高く，以下，「yT3：地域貢献活動への取り組みが，施設の事業計画のなかに位置づけられている」が3.21（±0.82）点，「yT2：地域貢献活動への取り組みが，施設全体で周知されている」が2.80（±0.87）点，「yT6：地域貢献活動への取り組みに必要な設備や場所が確保されている」が2.62（±0.90）点，「yT4：地域貢献活動への取り組みに必要な予算が計上されている」が2.54（±0.93）点の順であった。一方，最も低い項目は「yT7：地域貢献活動に取り組むためのマネジメント体制が構築されている」の2.23（±0.89）点であった。

（2）　地域貢献活動のための活動基盤の形成状況の因子構造

　地域貢献活動のための活動基盤の形成状況（10項目）の因子構造を検討するために，探索的因子分析（最尤法）を行った。その結果，因子のス

表5-3　地域貢献活動のための活動基盤の形成状況の項目別得点

番号	質問項目	項目別得点
yT1	地域貢献活動への取り組みが，施設の理念や基本方針のなかに明文化されている	3.24（±0.88）
yT2	地域貢献活動への取り組みが，施設全体で周知されている	2.80（±0.87）
yT3	地域貢献活動への取り組みが，施設の事業計画のなかに位置づけられている	3.21（±0.82）
yT4	地域貢献活動への取り組みに必要な予算が計上されている	2.54（±0.93）
yT5	地域貢献活動への取り組みに必要な人員（職員）が確保されている	2.47（±0.99）
yT6	地域貢献活動への取り組みに必要な設備や場所が確保されている	2.62（±0.90）
yT7	地域貢献活動に取り組むためにマネジメント体制が構築されている	2.23（±0.89）
yT8	地域のニーズや動向に関する情報を把握し，分析している	2.48（±0.88）
yT9	地域貢献活動の質の向上に向けた取り組みを実施している	2.42（±0.90）
yT10	地域の福祉力向上に向けた取り組みを実施している	2.41（±0.90）

クリープロットの変化から1因子による構造が妥当であると判断した（固有値：5.6，寄与率：56.0%）（表6-3：122頁）。また，因子1（10項目）のCronbachのα信頼性係数を算出した結果，0.925であり，統計学的に高い信頼性を有することが示された。

（3）　地域貢献活動のための活動基盤の形成状況と地域貢献活動の実施状況の関連

1）　相関分析

「地域貢献活動のための活動基盤の形成状況」と「地域貢献活動の実施状況」の相関関係を明らかにするために，Pearsonの積率相関係数による相関分析を行った。その結果，表5-5に示すとおり，①地域貢献活動のための活動基盤の形成状況は，地域貢献活動の実施状況の3つの下位因子

表5-4　地域貢献活動のための活動基盤の形成状況の探索的因子分析結果

番号	質問項目	因子1
yT9	地域貢献活動の質の向上に向けた取り組みを実施している	0.854
yT7	地域貢献活動に取り組むためにマネジメント体制が構築されている	0.827
yT10	地域の福祉力向上に向けた取り組みを実施している	0.810
yT8	地域のニーズや動向に関する情報を把握し，分析している	0.763
yT5	地域貢献活動への取り組みに必要な人員（職員）が確保されている	0.743
yT4	地域貢献活動への取り組みに必要な予算が計上されている	0.737
yT2	地域貢献活動への取り組みが，施設全体で周知されている	0.728
yT6	地域貢献活動への取り組みに必要な設備や場所が確保されている	0.714
yT3	地域貢献活動への取り組みが，施設の事業計画のなかに位置づけられている	0.696
yT1	地域貢献活動への取り組みが，施設の理念や基本方針のなかに明文化されている	0.576
固有値		5.600
寄与率（%）		56.000

表5-5　相関分析の結果

因子	①	②	③	④
① 地域貢献活動のための活動基盤の形成状況	1			
② 地域との協働・交流と人材育成（第1因子）	.716***	1		
③ 施設設備・空間の活用（第2因子）	.510***	604***	1	
④ 生活困窮者・制度対象外の人への支援（第3因子）	.621***	.578***	.433***	1

***p＜.001

（②『地域との協働・交流と人材育成』因子，③『施設設備・空間の利用』因子，④『生活困窮者・制度対象外の人への支援』因子）との間で正の有意な相関関係（r＝.433〜.716）があることが示された。

2）重回帰分析

「地域貢献活動のための活動基盤の形成状況」と「地域貢献活動の実施状況」の関連を明らかにするために，「地域貢献活動のための活動基盤の形成状況」を構成する下位因子を独立変数，施設特性（入居定員，開設年，運営法人（設置主体）が実施している事業の種類）を調整変数，「地域貢献活動の実施状況」を構成する3つの下位因子（『地域との協働・交流と人材育成』『施設設備・空間の活用』『生活困窮者・制度対象外の人への支援』）をそれぞれ従属変数として，一括投入法による重回帰分析を行った。その結果を表5-6に示す。

「地域貢献活動の実施状況」の関連要因を下位因子ごとにみてみると，第1因子の『地域との協働・交流と人材育成』に対しては，「地域貢献活動のための活動基盤の形成状況」（$\beta＝0.711$）が0.1％水準で有意であった（調整済 $R^2＝0.509$）。第2因子の『施設設備・空間の活用』に対しても，「地域貢献活動のための活動基盤の形成状況」（$\beta＝0.494$）が0.1％水準で有意であった（調整済 $R^2＝0.239$）。第3因子の『生活困窮者・制度対象

表5-6　重回帰分析の結果

	第1因子		第2因子		第3因子	
	β	t値	β	t値	β	t値
入居定員	0.016	0.302	0.038	0.595	0.006	0.111
開設年	−0.088	−1.721	0.003	0.045	−0.162	−2.856**
実施事業数	−0.026	−0.485	0.016	0.243	−0.015	−0.258
地域貢献活動のための活動基盤の形成状況	0.711	13.091***	0.494	7.334***	0.599	10.007***
調整済み R^2	.509***		.239***		.241***	

*** p＜.001, ** p＜.01

外の人への支援』に対しては，「地域貢献活動のための活動基盤の形成状況」（$\beta = 0.599$）が 0.1％水準で有意であり，次に「開設年」（$\beta = -0.162$）が 1％水準で有意であった（調整済 $R^2 = 0.241$）。

　これら 3 つの重回帰モデルの F 値を調べたところ，すべて 0.1％水準で有意であり，重回帰モデルの有効性が示された。また， VIF 値を確認したところ，多重共線性の問題は生じていないことが示された。

4　考　　察

（1）　地域貢献活動のための活動基盤の形成状況の項目別得点

　「地域貢献活動のための活動基盤の形成状況」の項目別得点を比較してみると，2.23 点〜 3.24 点（4 点満点）の範囲となっていた。10 項目全体のうち，地域貢献活動への取り組みの施設の理念や基本方針への明文化（yT1：3.24 点），地域貢献活動への取り組みの施設の事業計画への位置づけ（yT3：3.21 点），地域貢献活動への取り組みの施設全体での周知（yT2：2.80 点）の得点が相対的に高かった。つまり，多くの介護老人福祉施設において，地域貢献活動に取り組むことが理念として明示され，施設従事者に周知されていることが明らかとなった。つまり，これらの取り組みについては，施設として比較的行いやすいものとして認識されていることが示唆される。

　一方，地域貢献活動に取り組むためのマネジメント体制の構築（yT7：2.23 点），地域の福祉力向上に向けた取り組みの実施（yT10：2.41 点），地域貢献活動の質の向上に向けた取り組みの実施（yT9：2.42 点）については，得点が相対的に低かった。このことから，地域貢献活動が実施できていても，それをマネジメントするための体制づくりに費やす時間やマンパワーの確保に関しては容易ではなく，地域の福祉力や地域貢献活動の質の向上を目指すことに力を注いでいくことが困難であると認識されてい

るのではないかと推察される。

（2）　地域貢献活動の実施状況との関連の大きさ

　重回帰分析の結果，地域貢献活動の実施状況に関する３つの下位因子において，「地域貢献活動のための活動基盤の形成状況」が正の有意な関連を示していることが明らかとなった。地域貢献活動として，地域との協働・交流活動や人材育成に取り組み，施設の空間・設備の活用していくこと，そして，生活困窮者や制度対象外の人への支援に取り組んでいくためには，何が活動基盤として必要なのか，そして，その活動基盤をどのように形成していくのかが問われることになる。一方，第Ⅰ部で触れたように，多くの介護老人福祉施設では職員体制の確保が難しく，厳しい経営状況におかれていることも少なくない。しかし，地域貢献活動は，施設職員の献身的な姿勢や使命感のみで取り組むべきものではなく，経営主体である社会福祉法人が，前述した経営資源の各要素（人員，施設・設備，財源，情報，マネジメント）を活動基盤として形成しているなかで実施されるべきであると考えられる。

　次に，３つの下位因子への「地域貢献活動のための活動基盤の形成状況」の標準偏回帰係数（β）に着目してみると，第１因子が最も高いことが示された。第１因子である『地域との協働・交流と人材育成』は，地域貢献活動が「施設から地域へ」という一方向的な関係ではなく，施設と地域が双方向的な関係のなかで地域住民と一緒に活動に取り組むこと，また，その活動の担い手となる地域住民（ボランティア）を育成することに焦点を当てた質問項目で構成され，入居型福祉施設と地域社会を結ぶ「地域社会関係」の原理（渡邊洋一ら　2013：20-32）に通底した因子といえる。地域住民と一緒に福祉活動や福祉教育，そして防犯活動や環境・美化活動，自然災害への対策などに取り組んでいくためには，このような関係を形成していくことが必要不可欠となる。施設側から地域への一方向的な

関係のなかで奉仕活動として行われているのであれば，それは地域のニーズに対応した取り組みとして保証されるものではなく，地域貢献活動とはいえないであろう。そして，地域との双方向的な関係のなかで地域貢献活動に取り組むためには，介護老人福祉施設による活動基盤の形成が極めて重要となる。その結果として，『地域との協働・交流と人材育成』と最も強く関連していたと考えられる。

　第2因子である『施設設備・空間の活用』は，介護老人福祉施設の敷地や建物内の空間やスペース，フロアなどを活用して地域貢献活動に取り組むことを意味している。地域の福祉機関や施設・事業所，関係機関，地域住民が施設を訪問し，施設設備・空間を活用することは，第3章でも触れたように，施設の認知度向上などの意義をもたらすことが期待できる。また，地域住民やボランティア団体，自治会・町内会などインフォーマルな組織は，地域福祉活動のための場所の確保が難しいという問題に直面しやすいが，介護老人福祉施設が施設内の活動場所やスペースを提供することで問題の解決につながることができる。しかし，施設内に入居者や施設関係者以外の人が出入りすることへのリスクも考慮しなければならない。

　岡本榮一（2010）は，福祉施設におけるリスクを「施設にとってのリスク」「施設利用者のリスク」「施設従事者にとってのリスク」に分類しているが，これら3つのリスクが『施設設備・空間の活用』によって生じる可能性がある。具体的には，施設従事者や利用者との間でのトラブル（関係悪化），施設従事者の精神的負担やストレス，施設や個人（施設従事者，利用者）に関わる情報の外部漏れなどである。そして，地域貢献活動のための基盤を形成すること，特に「施設の事業計画のなかでの位置づけ」や「マネジメント体制の構築」が，これらのリスクの回避ないし減少に寄与することが考えられる。また，『施設設備・空間の活用』を促進するための基盤形成という意味においては，地域社会に対して防御的に向き合うのではなく，ソーシャル・キャピタルの強化という視点からの積極的

なリスク対応，つまりポジティブ・リスクマネジメントが重要であると考えられる（神部　2013：49-60）。

　第3因子である『生活困窮者・制度対象外の人への支援』は，介護老人福祉施設の専門的機能を活用して，既存の制度の対象とはならないサービスに対応していくことを意味している。この取り組みの具体例として，大阪府社会福祉協議会による「地域貢献事業」（生活困窮者レスキュー事業）があげられる。本事業は，介護老人福祉施設等に配置された施設コミュニティソーシャルワーカー（以下，施設CSWとする）が，地域の要支援者に対する相談活動を通して心理的不安の軽減，利用可能な制度への仲介，また必要に応じて経済的援助等を行うことを目的としている（大阪府社会福祉協議会　2009）。本研究では，調査対象施設の約6割が大阪府下の介護老人福祉施設で占められている。そのため，大阪府社会福祉協議会の「地域貢献事業」での取り組みが分析結果に反映されていることが推察されるが，生活困窮者や制度対象外の人への支援に取り組むためには，本事業のように施設CSWの人員確保をはじめ，活動のための設備や場所の確保，マネジメント体制の構築などの基盤の形成が重要と考えられる。

　なお，調整変数である「開設年」が第3因子『生活困窮者・制度対象外の人への支援』との間で有意な関連が見られ，2000年以前に開設された施設で実施状況が高いことが示された。第2章で触れたように，社会保障審議会介護給付費分科会（2013）の調査では，開設後の経過年数，つまり運営年数が長い施設ほど1施設当たりの内部留保額が大きい傾向にあることが指摘されている。つまり，運営年数が長い施設では経営基盤が比較的安定していると考えられるため，生活困窮者や制度対象外の人への支援にも取り組みやすいのではないかと考えられる。また，運営年数が長いほど地域社会との関係も形成されやすく，地域社会の多様なニーズへの対応の一環として『生活困窮者・制度対象外の人への支援』にも取り組めているのではないかとも推察される。

5　小　　括

　本章では，介護老人福祉施設における地域貢献活動のための活動基盤の形成状況が，地域貢献活動の実施状況とどのように関連しているのかについて明らかにすることを目的とした。まず，地域貢献活動のための活動基盤の形成状況の構造を把握するために，探索的因子分析を行った。その結果，すべての質問項目（10項目）が第1因子に所属していたことから，1因子構造が妥当であると判断した。次に，第4章で検証された「地域貢献活動の実施状況」の3つの構成因子（『地域との協働・交流と人材育成』『施設設備・空間の活用』『生活困窮者・制度対象外の人への支援』）をそれぞれ従属変数とし，地域貢献活動のための活動基盤の形成状況の1因子を独立変数，施設特性（入居定員，開設年，運営法人（設置主体）が実施している事業の種類）を調整変数として，一括投入法による重回帰分析を行った。その結果，地域貢献活動のための活動基盤の形成状況は，地域貢献活動の実施状況の3つすべての下位因子（『地域との協働・交流と人材育成』『施設設備・空間の活用』『生活困窮者・制度対象外の人への支援』）との間に正の有意な関連が示された。

　以上の解析結果から，地域貢献活動のための活動基盤の形成状況は，介護老人福祉施設による地域貢献活動の実施状況を高めるための重要な要因であることが示唆された。今後は，調査対象地域を拡大して調査を実施するとともに，地域貢献活動のための活動基盤の形成状況に関する質問項目や構成領域について必要な修正と見直しを行い，評価尺度としての信頼性と妥当性を高めていくことが課題である。

〈注〉

1)　社会福祉法第 24 条第 1 項（経営の原則等）において，「社会福祉法人は，社会福祉
　　事業の主たる担い手としてふさわしい事業を確実，効果的かつ適正に行うため，自主
　　的にその経営基盤の強化を図るとともに，その提供する福祉サービスの質の向上及び
　　事業経営の透明性の確保を図らなければならない」と規定されている。

〈文献〉

Chatterjee, S. and Price, B.（1991）: Regression Analysis by Example. 2nd ed., John
　　Wiley and Sons, 189-193.

神部智司（2013）「第 4 章　福祉施設におけるリスクマネジメント論 ― 福祉施設のなぎ
　　さ化を促進するために ―」岡本榮一監修，新崎国広・守本友美・神部智司編著『なぎ
　　さの福祉コミュニティを拓く ― 福祉施設の新たな挑戦』大学教育出版，49-60.

京極高宣（2017）『福祉法人の経営戦略』中央法規，27-33.

村井慶二（2016）「第 3 章　地域福祉戦略における人材・組織開発」全国社会福祉法人
　　経営者協議会監修，河幹夫・菊池繁信・宮田裕司ほか『社会福祉法人の地域福祉戦略』
　　生活福祉研究機構，188-198.

呉世雄（2013）「介護老人福祉施設の地域貢献活動の実施に影響を及ぼす要因」『日本の
　　地域福祉』26，65-77.

岡本榮一（2010）「なぎさの福祉コミュニティと地域社会関係論 ― 入所型福祉施設の地
　　域福祉論への復権」『地域福祉研究』38，77-87.

大阪府社会福祉協議会（2009）『社会貢献事業報告書（平成 20 年版）』.

社会保障審議会介護給付費分科会（2013）「特別養護老人ホームの内部留保について」（第
　　7 回介護給付費分科会 ― 介護事業経営調査委員会（資料 3）」（平成 25 年 5 月 21 日）.

繁桝算男・柳井晴夫・森敏昭編著（2008）『心理学セミナーテキストライブラリー =3
　　Q&A で知る統計データ解析［第 2 版］― DOs and DON' Ts』サイエンス社，106.

特定非営利活動法人介護保険市民オンブズマン機構大阪（2008）「介護保険制度見直しに
　　ついての特別養護老人ホーム施設長アンケート調査結果報告」，23.

渡邊洋一・西村愛・廣森直子（2013）「第 2 章　福祉施設と地域社会関係について」岡本
　　榮一監修，新崎国広・守本友美・神部智司編著『なぎさの福祉コミュニティを拓く ―
　　福祉施設の新たな挑戦』大学教育出版，20-32.

第 **6** 章

地域貢献活動の関連要因
— 地域の関係機関・団体等との連携状況 —

1 本章の目的

　介護老人福祉施設は，中・重度の要介護状態にある入居者に対して身体介助や日常生活上の世話など，必要なケアを24時間体制で提供することを主たる目的とした施設である。そのため，介護職員や看護師，管理栄養士など多職種からなる専門職が施設職員として配置されている。

　しかし，入居者の施設生活への支援は，施設内で提供されるケアのみで自己完結できるものではない。「指定介護老人福祉施設の人員，設備及び運営に関する基準」（以下，運営基準とする）第1条の2第3項において，「指定介護老人福祉施設は，明るく家庭的な雰囲気を有し，地域や家庭との結び付きを重視した運営を行い，市町村，居宅介護支援事業者，他の介護保険施設その他の保健医療サービス又は福祉サービスを提供する者との密接な連携に努めなければならない」と規定されている（下線筆者）。

　実際のところ，生活相談員や施設ケアマネジャーを中心として入居者の自宅から施設への入居に係る相談や手続き，施設と病院間での入退院に係る対応，施設外の社会資源の発掘調整を通した居住環境の整備などの業務が行われており（上田ら 2012），そのなかで行政機関や地域のケアマ

ネジャー，医療機関，居宅サービス事業者等との連絡調整が行われている
ことになる。これらの業務を適切かつ円滑に行うためには，地域の関係機
関・団体等との連携が欠かせないであろう。

　一方，地域の関係機関・団体等との連携は，入居者の施設生活支援の
みならず，地域貢献活動を行うためにも必要不可欠な要件となる。前章ま
でに取り上げた地域貢献活動の実施状況に関する3つの構成領域（因子）
に着目してみると，『地域との協働・交流と人材育成』領域（因子）に関
しては，地域の関係機関や組織・団体，居宅サービス事業者，自治会，ボ
ランティア等との相互連携のもとで積極的に取り組むことができるととも
に，人材育成にも寄与している。また，『施設設備・空間の活用』領域（因
子）に関しては，地域の関係機関・団体等との相互連携のもとに，施設の
建物や設備・空間が会議や事例検討会，研修，講習会，イベント等の開催
場所として活用されることで，連携・協力体制がよりいっそう強化される
ことになる。そして，『生活困窮者・制度対象外の人への支援』領域（因
子）に関しても，地域の関係機関や組織・団体等と連携することによっ
て，生活困窮者・制度対象外の人のニーズに対して柔軟に対応していくこ
とができる。

　先行研究を概観してみると，和田（2018）は，介護老人福祉施設が地
域包括ケアシステムのなかで実施している地域貢献事業の持続可能性を高
め，成長していくためには，地域の医療機関や福祉施設，居宅介護支援事
業者，地域包括支援センター等と連携し，ケアを統合していくことが鍵の
一つであると指摘している。しかし，実際に介護老人福祉施設が地域のど
のような関係機関・団体等と連携しながら地域貢献活動に取り組んでいる
のか，また，地域の関係機関・団体等との連携状況が地域貢献活動の実施
状況にどの程度関連しているのかについて，調査データを用いて実証的に
検証しようと試みた先行研究は皆無に等しい。

　そこで，本章では，地域の関係機関・団体等と連携状況の下位構造に

ついて検討するとともに，地域貢献活動の実施状況（3つの下位領域（因子））との関連の大きさについて明らかにすることを目的とした。

2　研　究　方　法

　調査対象，調査方法，倫理的配慮については，第4章で取り上げたとおりである。

（1）　調査項目
　①　地域貢献活動の実施状況
　第4章で取り上げているので省略する。
　②　地域の機関・団体等との連携状況
　地域貢献活動を円滑に実施するためには，地域のフォーマル，インフォーマルからなる多様な関係機関・団体等との有機的な連携が欠かせない。介護老人福祉施設による地域貢献活動は，地域の関係機関・団体等と連携のもとに地域のニーズや情報を把握し，それに即した種類や内容で実施することができると考えられる。また，社会福祉機関・施設等との連携に限定されるものではなく，保健医療機関や警察・消防，教育機関など隣接領域との連携も包含されていることが想定される。そこで，本研究では，表6-1のとおり，地域の関係機関・団体等との連携状況に関する質問項目（14項目）を設定した。回答選択肢は，「全くそう思わない」「あまりそう思わない」「ややそう思う」「とてもそう思う」の4件法とした。

（2）　分析方法
　統計分析を行うにあたり，まず，「地域の関係機関・団体等との連携状況」（14項目）の質問項目別の回答分布について確認した。また，回答選択肢（4件法）の「全くそう思わない」に1点，「あまりそう思わない」

表 6-1　地域の関係機関・団体等との連携状況に関する質問項目

番号	質問項目
yR1	地域の行政機関（役所・福祉事務所等）との連携に取り組んでいる
yR2	地域の医療機関（病院・診療所等）との連携に取り組んでいる
yR3	地域の介護保険施設（介護老人保健施設・介護療養型医療施設・介護医療院）との連携に取り組んでいる
yR4	地域の老人福祉施設（軽費老人ホーム・有料老人ホーム等）との連携に取り組んでいる
yR5	地域の居宅サービス事業者（訪問型）との連携に取り組んでいる
yR6	地域の居宅サービス事業者（通所型）との連携に取り組んでいる
yR7	地域の居宅サービス事業者（短期入所型）との連携に取り組んでいる
yR8	地域の居宅介護支援事業者との連携に取り組んでいる
yR9	地域の社会福祉協議会との連携に取り組んでいる
yR10	地域の地域包括支援センターとの連携に取り組んでいる
yR11	地域の民生委員との連携に取り組んでいる
yR12	地域の自治会・町内会との連携に取り組んでいる
yR13	地域の消防署・警察署との連携に取り組んでいる
yR14	地域の教育機関（学校）との連携に取り組んでいる

に2点，「ややそう思う」に3点，「とてもそう思う」に4点を付与して連携の程度が高いほど高得点となるように配点し，項目別得点をそれぞれ算出した。

　統計分析の手順として，第1に，本研究で設定した「地域の関係機関・団体等との連携状況」（14項目）がどのような下位領域で構成されているのかを把握するため，探索的因子分析（最尤法，Promax回転）を行った。因子の抽出は，固有値が1.0以上であることを前提に，その大きさの変化と因子の解釈可能性を判断基準とした。また，抽出された因子間の相関について検証を行った。

　第2に，「地域の関係機関・団体等との連携状況」と「地域貢献活動の実施状況」の間に相関関係が見られるのかを検討するために，それぞれの下位因子を構成する質問項目の合計得点を用いてPearsonの積率相関係

数による相関分析を行った。

　第3に,「地域の関係機関・団体等との連携状況」の下位因子（探索的因子分析によって抽出された各因子を構成する質問項目の合計得点）を独立変数,施設特性（入所定員,開設年,運営法人（設置主体）が実施している事業の種類）を調整変数,「地域貢献活動の実施状況」の3つの下位因子を構成する質問項目の合計得点をそれぞれ従属変数として,一括投入法による重回帰分析を行った。独立変数の施設特性のうち,4つの回答選択肢を用いて尋ねた開設年については,「2000年以前」を「0」,「2000年以降」を「1」とするダミー変数を作成して分析に用いた。なお,独立変数間の多重共線性についてはVIF値を用いて確認した。

3　研 究 結 果

（1）　記述統計量

①　回答分布

　地域の関係機関・団体等の連携状況の回答分布を確認したところ,表6-2に示すように,すべての質問項目において特定のカテゴリー（回答選択肢）への回答が過度に集中するなど,回答の著しい偏りは見られなかった。「とてもそう思う」「ややそう思う」の肯定的な回答に着目すると,「yR10：地域の地域包括支援センターとの連携に取り組んでいる」が172名（82.7%）と最も多く,以下,「yR8：地域の居宅介護支援事業者との連携に取り組んでいる」が167名（80.3%）,「yR1：地域の行政機関（役所・福祉事務所等）との連携に取り組んでいる」が166名（79.8%）,「yR9：地域の社会福祉協議会との連携に取り組んでいる」が165名（79.4%）,「yR2：地域の医療機関（病院・診療所等）との連携に取り組んでいる」が155名（74.5%）の順であった。

表 6-2　地域の関係機関・団体等の連携状況の回答分布

番号	質問項目	全く そう思わない 度数 (%)		あまり そう思わない 度数 (%)		やや そう思う 度数 (%)		とても そう思う 度数 (%)		無回答 度数 (%)	
yR1	地域の行政機関（役所・福祉事務所等）との連携に取り組んでいる	4	1.9	36	17.3	92	44.2	74	35.6	2	1.0
yR2	地域の医療機関（病院・診療所等）との連携に取り組んでいる	12	6.3	38	18.3	94	45.2	61	29.3	3	1.4
yR3	地域の介護保険施設（介護老人保健施設・介護療養型医療施設・介護医療院）との連携に取り組んでいる	16	7.7	58	27.9	81	38.9	50	24.0	3	1.4
yR4	地域の老人福祉施設（軽費老人ホーム・有料老人ホーム等）との連携に取り組んでいる	24	11.5	76	36.5	67	32.2	38	18.3	3	1.4
yR5	地域の居宅サービス事業者（訪問型）との連携に取り組んでいる	23	11.1	56	26.9	77	37.0	49	23.6	3	1.4
yR6	地域の居宅サービス事業者（通所型）との連携に取り組んでいる	22	10.6	56	26.9	73	35.1	54	26.0	3	1.4
yR7	地域の居宅サービス事業者（短期入所型）との連携に取り組んでいる	21	10.1	56	26.9	75	36.1	53	25.5	3	1.4
yR8	地域の居宅介護支援事業者との連携に取り組んでいる	6	2.9	31	14.9	97	46.6	70	33.7	4	1.9
yR9	地域の社会福祉協議会との連携に取り組んでいる	8	3.8	33	15.9	95	45.7	70	33.7	2	1.0
yR10	地域の地域包括支援センターとの連携に取り組んでいる	5	2.4	29	13.9	90	43.3	82	39.4	2	1.0
yR11	地域の民生委員との連携に取り組んでいる	21	10.1	44	21.2	79	38.0	61	29.3	3	1.4
yR12	地域の自治会・町内会との連携に取り組んでいる	13	6.3	41	19.7	85	40.9	67	32.2	2	1.0
yR13	地域の消防署・警察署との連携に取り組んでいる	15	7.2	56	26.9	97	46.6	38	18.3	2	1.0
yR14	地域の教育機関（学校）との連携に取り組んでいる	15	7.2	47	22.6	97	46.6	47	22.6	2	1.0

② 項目別得点

項目別得点の平均値を算出した結果，表6-3に示すとおり，「yR10：地域の地域包括支援センターとの連携に取り組んでいる」が3.21（±0.77）点と最も高く，以下，「yR1：地域の行政機関（役所・福祉事務所等）との連携に取り組んでいる」が3.15（±0.77）点，「yR8：地域の居宅介護支援事業者との連携に取り組んでいる」が3.13（±0.77）点，「yR9：地域の社会福祉協議会との連携に取り組んでいる」が3.10（±0.81）点，

表6-3　地域の関係機関・団体等の連携状況の項目別得点

番号	質問項目	項目別得点
yR1	地域の行政機関（役所・福祉事務所等）との連携に取り組んでいる	3.15（±0.77）
yR2	地域の医療機関（病院・診療所等）との連携に取り組んでいる	3.00（±0.85）
yR3	地域の介護保険施設（介護老人保健施設・介護療養型医療施設・介護医療院）との連携に取り組んでいる	2.80（±0.90）
yR4	地域の老人福祉施設（軽費老人ホーム・有料老人ホーム等）との連携に取り組んでいる	2.58（±0.92）
yR5	地域の居宅サービス事業者（訪問型）との連携に取り組んでいる	2.74（±0.95）
yR6	地域の居宅サービス事業者（通所型）との連携に取り組んでいる	2.78（±0.96）
yR7	地域の居宅サービス事業者（短期入所型）との連携に取り組んでいる	2.78（±0.95）
yR8	地域の居宅介護支援事業者との連携に取り組んでいる	3.13（±0.77）
yR9	地域の社会福祉協議会との連携に取り組んでいる	3.10（±0.81）
yR10	地域の地域包括支援センターとの連携に取り組んでいる	3.21（±0.77）
yR11	地域の民生委員との連携に取り組んでいる	2.88（±0.95）
yR12	地域の自治会・町内会との連携に取り組んでいる	3.00（±0.88）
yR13	地域の消防署・警察署との連携に取り組んでいる	2.77（±0.83）
yR14	地域の教育機関（学校）との連携に取り組んでいる	2.85（±0.85）

「yR2：地域の医療機関（病院・診療所等）との連携に取り組んでいる」および「yR12：地域の自治会・町内会との連携に取り組んでいる」がそれぞれ 3.00（±0.85）点，3.00（±0.88）点の順であった。一方，最も低い項目は「yR4：地域の老人福祉施設（軽費老人ホーム・有料老人ホーム等）との連携に取り組んでいる」の 2.58（±0.92）点であった。

（2）　地域の関係機関・団体等の連携状況の因子構造

　介護老人福祉施設による地域の関係機関・団体等の連携状況（14項目）の因子構造を検討するために，探索的因子分析（最尤法，Promax 回転）を行った。その結果，固有値 1.0 以上の因子は 2 つであり，固有値の変化は第 3 因子以降で傾きが小さくなる傾向が見られた。また，因子負荷量が 0.4 未満の項目，複数の因子に 0.3 以上の因子負荷量をもつ多義的な項目を順次削除しながら複数回分析を行った。この過程で「yR4：地域の老人福祉施設（軽費老人ホーム・有料老人ホーム等）との連携に取り組んでいる」「yR13：地域の消防署・警察署との連携に取り組んでいる」「yR14：地域の教育機関（学校）との連携に取り組んでいる」の合計 3 項目が削除された。Promax 回転後の因子パターン行列を確認した結果，地域の関係機関・団体等の連携状況は 2 因子構造（11項目）が妥当であると判断した。Promax 回転後の最終的な因子パターン行列は，表 6-4 に示すとおりである。

　第 1 因子は，居宅サービス事業者（訪問型），居宅サービス事業者（短期入所型），居宅サービス事業者（通所型），介護保険施設（介護老人保健施設，介護療養型医療施設，介護医療院），居宅介護支援事業者，医療機関（病院・診療所等）の合計 6 項目で構成されていた。すなわち，介護保険法に規定された介護サービスや保健医療サービスの提供事業者・機関，居宅サービス計画（ケアプラン）の作成等に携わるサービス提供事業者・機関の組み合わせとなっているため，『サービス提供組織との連携』因子

表6-4　地域の関係機関・団体等との連携状況に関する探索的因子分析結果
　　　　（Promax 回転後）

番号	質問項目	抽出された因子	
		サービス 提供組織 との連携	相談支援 組織・団体 との連携
yR5	地域の居宅サービス事業者（訪問型）との連携に取り組んでいる	0.998	−0.151
yR7	地域の居宅サービス事業者（短期入所型）との連携に取り組んでいる	0.881	−0.021
yR6	地域の居宅サービス事業者（通所型）との連携に取り組んでいる	0.846	0.040
yR3	地域の介護保険施設（介護老人保健施設・介護療養型医療施設・介護医療院）との連携に取り組んでいる	0.611	0.085
yR8	地域の居宅介護支援事業者との連携に取り組んでいる	0.607	0.252
yR2	地域の医療機関（病院・診療所等）との連携に取り組んでいる	0.466	0.219
yR9	地域の社会福祉協議会との連携に取り組んでいる	0.035	0.821
yR1	地域の行政機関（役所・福祉事務所等）との連携に取り組んでいる	−0.042	0.789
yR11	地域の民生委員との連携に取り組んでいる	0.023	0.684
yR10	地域の地域包括支援センターとの連携に取り組んでいる	0.001	0.674
yR12	地域の自治会・町内会との連携に取り組んでいる	0.131	0.597
因子相関行列	第1因子	1.000	
	第2因子	0.677	1.000

として解釈した。

　第2因子は，社会福祉協議会，行政機関（役所・福祉事務所等），民生委員，地域包括支援センター，自治会・町内会の合計5項目で構成されていた。すなわち，地域住民の生活に関する相談支援を担うフォーマルおよびインフォーマルな組織・団体の組み合わせとなっているため，『相談支援組織・団体との連携』因子として解釈した

　また，因子ごとの Cronbach の α信頼性係数を算出して検討した。そ

の結果，第 1 因子『サービス提供組織との連携』が 0.909，第 2 因子『相談支援組織・団体との連携』が 0.768 であり，2 因子ともに 0.7 以上の統計学的に高い信頼性を有することが示された。

（3）　地域の関係機関・団体等との連携状況と地域貢献活動の実施状況の関連

1 ）　相関分析

　地域の関係機関・団体等との連携状況と地域貢献活動の実施状況の相関関係を明らかにするために，Pearson の積率相関係数による相関分析を行った。その結果，表 6-5 に示すとおり，地域の機関・団体等の連携状況の 2 つの構成因子（①『サービス提供組織との連携』因子，②『相談援助組織・団体との連携』因子）と地域貢献活動の実施状況の 3 つの構成因子（③『地域との協働・交流と人材育成』因子，④『施設設備・空間の利用』因子，⑤『生活困窮者・制度対象外の人への支援』因子）の 5 つすべての因子間で正の有意な相関関係（r＝.192 ～ .679）があることが示された。

表 6-5　相関分析の結果

因子	①	②	③	④	⑤
①　サービス提供組織との連携（第 1 因子）	1				
②　相談援助組織・団体との連携（第 2 因子）	.629***	1			
③　地域との協働・交流と人材育成（第 1 因子）	.497***	.679***	1		
④　施設設備・空間の活用（第 2 因子）	.192**	.423***	.604***	1	
⑤　生活困窮者・制度対象外の人への支援（第 3 因子）	.415***	.472***	.578***	.433***	1

***p＜.001，**p＜.01

2）重回帰分析

　地域の関係機関・団体等との連携状況と地域貢献活動の実施状況の関連の大きさを明らかにするために，地域の関係機関・団体等との連携状況の2つの下位因子（『サービス提供組織との連携』『相談援助組織・団体との連携』）を独立変数，施設特性（入居定員，開設年，運営法人（設置主体）が実施している事業の種類）を調整変数，地域貢献活動の実施状況の3つの下位因子（『地域との協働・交流と人材育成』『施設設備・空間の活用』『生活困窮者・制度対象外の人への支援』）をそれぞれ従属変数として，一括投入法による重回帰分析を行った。その結果を表6-6に示す。地域貢献活動の実施状況の関連要因を下位因子ごとに見てみると，第1因子『地域との協働・交流と人材育成』に対しては，『相談援助組織・団体との連携』（$\beta = 0.579$）が0.1％水準で有意であった（調整済 $R^2 = 0.450$）。第2因子『施設設備・空間の活用』に対しては，『相談援助組織・団体との連携』（$\beta = 0.476$）が0.1％水準で有意であった（調整済 $R^2 = 0.175$）。第3因子『生活困窮者・制度対象外の人への支援』に対しては，『相談援助組織・団体との連携』（$\beta = 0.299$）が0.1％水準で有意であり，次に『サー

表6-6　重回帰分析の結果

	第1因子		第2因子		第3因子	
	β	t 値	β	t 値	β	t 値
入居定員	0.026	0.471	0.050	0.754	0.036	0.573
開設年	-0.026	-0.467	0.019	0.287	-0.137	-2.125^{*}
実施事業数	0.082	1.482	0.106	1.575	0.101	1.575
サービス提供組織との連携	0.107	1.550	-0.132	-1.575	0.168	2.089^{*}
相談援助組織・団体との連携	0.579	8.302^{***}	0.476	5.642^{***}	0.299	3.665^{***}
調整済み R^2	0.450^{***}		0.175^{***}		0.241^{***}	

***p<.001, *p<.05

ビス提供組織との連携』（β = 0.168），「開設年」（β = − 0.137）が5%水準でそれぞれ有意であった（調整済 R² = 0.241）。

　これら3つの重回帰モデルのF値を調べたところ，すべて0.1%水準で有意であり，重回帰モデルの有効性が示された。また，VIF 値を確認したところ，多重共線性の問題は生じていないことが示された。

4　考　　　察

（1）　地域の関係機関・団体等との連携状況の項目別得点

　「地域の関係機関・団体等との連携状況」の回答分布を確認した結果，多くの質問項目で肯定的な回答の割合が高く，多くの介護老人福祉施設が地域の関係機関・団体等と連携していることが示された。また，項目別得点を比較してみると，2.58 点～ 3.21 点（4 点満点）の範囲となっていた。14 項目全体のうち，地域包括支援センターとの連携（yR10：3.21 点），行政機関（役所・福祉事務所等）との連携（yR1：3.15 点），居宅介護支援事業者（yR8：3.13 点），社会福祉協議会との連携（yR9：3.10 点）の得点が相対的に高いことが示された。

　つまり，地域のサービス事業者や施設よりも，地域の在宅高齢者の福祉ニーズに対する相談支援を実施している組織・機関との連携が強いことが明らかとなった。これは，介護老人福祉施設が，地域の在宅高齢者の福祉ニーズを把握し，それに対応した地域貢献活動を実施するために，地域包括支援センターや行政機関，居宅介護支援事業者，社会福祉協議会との有機的な連携を重視していることを示唆している。

　一方，老人福祉施設（軽費老人ホーム・有料老人ホーム等）との連携（yR4：2.58 点），居宅サービス事業者（訪問型）との連携（yR5：2.74 点）については，得点が相対的に低いことが示された。つまり，老人福祉施設（軽費老人ホーム・有料老人ホーム等）の入居者については地域の在宅高

齢者ではないこと，また，居宅サービス事業者（訪問型）の利用者につい
ては地域の在宅高齢者の福祉ニーズを把握するための対象として強く認識
されていないことが示唆される。

（2） 地域貢献活動の実施状況との関連の大きさ

　重回帰分析の結果，地域の関係機関・団体等との連携状況の2つの下位
因子のうち，『相談援助組織・団体との連携』（第2因子）が地域貢献活動
の実施状況の3つの構成因子に対してそれぞれ有意な正の関連を示してい
た。介護老人福祉施設が，地域との協働・交流や人材育成，施設設備や空
間の活用，さらには生活困窮者や制度の狭間におかれている人への支援を
目的とした地域貢献活動を実施するためには，地域でどのような要望や困
りごとなどが表出されているのか，また，介護老人福祉施設にどのような
役割が期待されているのかを把握することが求められる。特に，介護サー
ビスを利用していない地域住民の要望や困りごとなど把握するためには，
地域の相談援助機関である行政機関（役所，福祉事務所等）や社会福祉協
議会，地域包括支援センター，さらには民生委員や自治会・町内会へ働き
かけ，広く情報収集していくことが求められる。

　先行研究において，呉（2013）は，介護老人福祉施設の地域貢献活動
の実施に影響を及ぼす要因の一つとして「地域社会との連携」を取り上
げるとともに，自治体や関係機関，地域住民との協力的な関係の形成が重
要であると指摘している。本研究では，そのなかでも公私の相談援助機関
や民生委員，自治会・町内会と連携することの重要性を示す結果が得られ
たが，これは，介護老人福祉施設が，地域における医療・介護サービスの
利用者に関する情報よりも，生活上の悩みや不安，困難さを抱えていなが
らも，適切な支援やサービスの利用につながっていない地域住民のニーズ
に関する情報を幅広く収集し，それに応えられる地域貢献活動への取り組
みを志向しているためではないかと考えられる。また，施設と協働して地

域貢献活動の担い手となる地域住民（ボランティア）を募集するための手段として，ボランティアコーディネーターを有する社会福祉協議会をはじめ，インフォーマルな社会資源との繋がりを有している地域包括支援センター，地域住民に関する情報を有している民生委員や，自治会・町内会との連携を重視しているとも考えられる。

　実践レベルの研究においても，森（2013：130-137）は，社会福祉協議会のブロック会議・懇親会や自治会会合，地域老人会定期総会などの会場として施設の設備開放に取り組んでいることを紹介している。また，中本（2013：137-141）は，施設入居者の外出支援のためのボランティア講座を開催するにあたり，近隣の社会福祉協議会にチラシ配布を依頼するなどの連携に取り組んでいることを紹介している。これらのことは，介護老人福祉施設による地域貢献活動は，地域の相談援助機関や地域のインフォーマルな組織・団体等との連携のもとに実施されていることを意味している。加えて，前田（2018）は，大牟田市内のすべての社会福祉法人で組織化された協議会（事務局：大牟田市社会福祉協議会）が，協働して地域における公益的な取組を実施していくことにより，法人職員と地域住民との協働，社会福祉法人の事業の"見える化"，さらには施設の社会化，制度の狭間の問題の解決や政策提言，の機能を促進につながっていることを指摘している。そのため，特別養護老人ホームを経営する社会福祉法人が地域の協議体の一員として，地域と協働していくことにより，地域貢献活動をより円滑かつ効果的に実施することができると考えられる。

　また，『サービス提供組織との連携』（第 1 因子）は，『生活困窮者・制度対象外の人への支援』（第 3 因子）に対してのみ有意な関連を示した。この結果から，福祉サービスや事業を無料または低額な料金で実施するにあたり，地域のサービス提供組織との間で生活困窮者や制度対象外の人の情報を共有し，有機的に連携していることが示唆される。また，「開設年」との間でも有意な関連が示されたが，これは，第 5 章の考察部分で触れ

たように，開設後の経過年数が長いほど内部留保額が大きくなる傾向にあり，経営基盤が比較的安定していると考えられることから，生活困窮者や制度対象外の人への支援にも取り組みやすいのではないかと推察される。

5　小　　括

　本章では，介護老人福祉施設における地域の関係機関・団体等との連携状況が，地域貢献活動の実施状況とどの程度関連しているのかについて明らかにすることを目的とした。まず，地域の関係機関・団体等との連携状況の構造を把握するために，探索的因子分析を行った。その結果，「サービス提供組織との連携」「相談援助組織・団体との連携」の2因子構造が妥当であると判断した。次に，第4章で検証された「地域貢献活動の実施状況」の3つの構成因子（『地域との協働・交流と人材育成』『施設設備・空間の活用』『生活困窮者・制度対象外の人への支援』）をそれぞれ従属変数とし，地域の関係機関・団体等との連携状況の下位因子（「サービス提供組織との連携」「相談援助組織・団体との連携」）を独立変数，施設特性（入所定員，開設年，運営法人（設置主体）が実施している事業の種類）を調整変数として，一括投入法による重回帰分析を行った。その結果，「相談援助組織・団体との連携」因子については，地域貢献活動の実施状況の3つの下位因子（『地域との協働・交流と人材育成』『施設設備・空間の活用』『生活困窮者・制度対象外の人への支援』）すべてとの間に正の有意な関連が示された。また，「サービス提供組織との連携」因子については，『生活困窮者・制度対象外の人への支援』因子との間に正の有意な関連が示された。

　以上の解析結果から，「相談援助組織・団体との連携」は，介護老人福祉施設による地域貢献活動の実施状況を高めるために必要不可欠であること，また，『生活困窮者・制度対象外の人への支援』については，「相談援

助組織・団体との連携」とともに「サービス提供組織との連携」も重要であることが示唆された。今後は，地域の関係機関・団体等との連携状況に関する質問項目や構成領域について必要な修正等を行い，尺度としての信頼性と妥当性を高めていくとともに，地域の関係機関・団体等との連携における具体的な内容や取り組みとその実施程度等について，客観的な指標を用いて同様の分析枠組みのもとに検証を行っていくことが課題である。

〈文献〉

前田佳宏（2018）「社会福祉法人の公益的な取組における協議体の機能について～大牟田市の取り組みを事例に～」『地域福祉実践研究』9，23-28.

南友二郎（2016）「社会福祉法人による『地域における公益的な活動』に向けた協働の成立要因：滋賀の縁（えにし）創造実践センターへの質的調査から」『地域福祉研究』44，100-110.

森賢二（2013）「第10章　高齢者福祉施設における"なぎさ"の展開（ケアハウス・特別養護老人ホーム）― 事例①：高齢者福祉施設における地域交流の実践」岡本榮一監修，新崎国広・守本友美・神部智司編著『なぎさの福祉コミュニティを拓く ― 福祉施設の新たな挑戦』大学教育出版，130-137.

中本勝也（2013）「第10章　高齢者福祉施設における"なぎさ"の展開（ケアハウス・特別養護老人ホーム）― 事例②：高齢者福祉施設におけるボランティアコーディネーションの実践」岡本榮一監修，新崎国広・守本友美・神部智司編著，同上書，137-141.

呉世雄（2013）「介護老人福祉施設の地域貢献活動の実施に影響を及ぼす要因」『日本の地域福祉』26，65-77.

上田正太・竹本与志人，・岡田進一ほか（2012）「特別養護老人ホームの生活相談員が行うソーシャルワーク実践の構造に関する検討」『ソーシャルワーク学会誌』24，15-28.

和田周郎（2018）「地域包括ケアシステムにおける特別養護老人ホームの経営戦略」『商大ビジネスレビュー（兵庫県立大学大学院経営研究科）』8（3），121-150.

終　章
介護老人福祉施設による地域貢献活動の
課題と展望

1　本章の目的

　本研究では，介護老人福祉施設による地域貢献活動の実践と関連施策
の動向を把握するとともに，調査を実施して得られたデータによる分析の
結果から地域貢献活動の促進に向けた課題と展望について提言することを
目的とした。

　第Ⅰ部の文献研究では，1970年代後半からの「施設の社会化」論を基
盤として実践されてきた地域貢献活動について，民間非営利の社会福祉機
関による調査報告等を用いて整理するとともに，介護保険制度が開始され
た2000年以降の先行研究の知見を踏まえつつ，介護老人福祉施設が地域
包括ケアシステムに内包される「施設・居住系サービス」の一つとして担
うべき役割と機能について検討してきた。また，社会福祉法人による「地
域における公益的な取組」と地域貢献活動の関係性について検討した。

　第Ⅱ部の調査研究では，近畿地方の大阪府および兵庫県の介護老人福
祉施設に従事する地域連携担当者（生活相談員，施設長，介護支援専門員
など）を対象として，質的調査と量的調査を実施した。質的調査では，施
設訪問による個別面接調査を行い，各施設の地域連携担当者が認識してい
る地域貢献活動の意義と困難さについて把握した。また，量的調査では，

無記名・自記式質問紙を用いた郵送調査として実施し，統計学的手法を用いて地域貢献活動の実施状況とその下位構造，および関連要因について検討した。

　以下，本章では，これらの研究で得られた知見について総括を行うとともに，介護老人福祉施設の専門的機能を活用した地域貢献活動を促進するための課題と展望について提言を行うことを目的とする。

2　地域貢献活動の実施状況の評価尺度について

　本研究では，先行研究および質的調査の知見等を踏まえて介護老人福祉施設による「地域貢献活動の実施状況」の評価尺度を作成し，量的調査で得られたデータを用いて確認的因子分析による因子構造の検討を行った。その結果，3因子（17項目）の構成概念妥当性が確認され，有用性の高い評価尺度であることが確認された。この結果から，『地域との協働・交流と人材育成』『施設設備・空間の活用』『生活困窮者・制度対象外の人への支援』の3因子が「地域貢献活動の実施状況」の評価尺度に含まれるべき重要な下位領域として適切であることが示されたといえる。しかし，本研究の結果でもって「地域貢献活動の実施状況」の下位領域がこれらの3因子に限定されると論じ切ることはできない。今後は，調査対象の範囲をさらに拡げることで，どのような地域貢献活動が実施されているのかを包括的に捉えていくことも必要であると考えられる。ただし，単に評価尺度の下位領域を増やせばよいというものでもなく，調査対象者の回答負担や評価尺度の利便性などについても考慮されなければならない。

　また，介護老人福祉施設による地域貢献活動は，地域のニーズにどれだけ対応できているかが重要となる。地域貢献活動は，施設と地域社会との双方向的な関係性（地域社会関係）のもとに取り組まれるものであるため，地域のニーズに対応した地域貢献活動の内容が下位領域として適切に

設定されていなければならない。そのため，本研究で得られた3因子を基盤としつつ，地域のニーズの状況とその変化等も踏まえて地域貢献活動の下位領域の修正と見直しを検討していくことも必要であると考えられる。

3　介護老人福祉施設による地域貢献活動の促進に向けて

　本研究では，「地域貢献活動の実施状況」の関連要因として「地域貢献活動のための活動基盤の形成状況」および「地域の関係機関・団体等との連携状況」に着目し，それぞれ関連の大きさについて検討した。その結果，1因子で構成される「地域貢献活動のための活動基盤の形成状況」は，「地域貢献活動の実施状況」の3つの下位因子すべてとの間に有意な関連が示された。また，2因子で構成される「地域の関係機関・団体等との連携状況」は，『相談援助組織・団体との連携』因子が「地域貢献活動の実施状況」の3つの下位因子すべてとの間に有意な関連が示され，『サービス提供組織との連携』が第3因子（『生活困窮者・制度対象外の人への支援』との間に有意な関連が示された。以上の結果を踏まえて，介護老人福祉施設による地域貢献活動の促進に向けた提言を行う。

（1）　地域貢献活動のための活動基盤づくり

　まず，「地域貢献活動のための活動基盤の形成状況」に関する質問項目の内容は，地域貢献活動への取り組みが施設の理念や基本方針のなかに明文化され，施設全体で周知されていること，また，施設の事業計画のなかに位置づけられ，人員（マンパワー），設備・場所，予算が確保されていること，そして，これらの要素のマネジメント体制が構築され，地域のニーズや動向に関する情報の把握と分析をとおして，活動の質と地域の福祉力の向上が志向されていることで構成されている。そのため，基本的にはこれらの内容が包含された活動基盤を形成していくことが地域貢献活

を促進するための要件となる。ただし，各項目の回答分布および得点に着
目してみると，多くの介護老人福祉施設で地域貢献活動に関する理念や基
本方針が掲げられ，事業計画のなかに位置づけられている一方で，地域貢
献活動の実施に必要な人員（マンパワー）や設備・場所，予算については
十分に確保されているとはいえず，マネジメント体制についても十分に構
築されていないことが明らかとなった。これは，理念や基本方針と地域貢
献活動の実施状況（実践）との間に乖離が生じており，施設の事業計画ど
おりに地域貢献活動ができていないことを示唆している。このような状況
の背景には，施設職員（福祉専門職）の慢性的な人員不足とともに，入居
型サービスよりも居宅サービスの量的整備に重点をおいた政策がとられて
いること，介護報酬の改定が必ずしも施設の収益のアップにつながってい
るわけではないなどの複合的な要因があると考えられる。実際，本調査で
得られた自由記述の回答（巻末資料 2）を見てみると，人員不足（③④⑨
⑬⑯⑰⑳㉗など）や施設経営（⑧⑭など）に関する意見が多く寄せられて
いる。しかし，地域貢献活動への取り組みは，地域住民の介護老人福祉施
設への認知度や理解度を高め，良好なつながりを形成していくことに寄与
している。また，それによって施設が提供している入居型サービス，さら
には併設の居宅サービス事業の稼働率が向上すれば収益のアップにもつな
がり，施設職員の処遇が向上することによる人材の確保と定着，さらには
地域住民やボランティアなどのマンパワーの確保にもつながるというサイ
クルの確立が期待できる。そのため，まずは現行の人員（マンパワー）や
設備・場所，予算の範囲内で実施可能な地域貢献活動に取り組むことが大
切であり，地域住民とのつながりを意識した地域貢献活動を継続していく
ことで，より強固な地域貢献活動の基盤が形成されていくのではないだろ
うか。片岡（2016：208）は，「福祉施設の地域実践が広がっていけば，
自ずと地域関係者の参加・協力による経営組織づくりが進められることに
つながるだろう」と指摘している。つまり，人員（マンパワー）や設備・

場所，予算が確保されていないために「できない」のではなく，可能な範囲内で「できる」ことに取り組み，それを継続させていくことで得られる地域とのつながりの強化等の「効果」を活動基盤の形成に取り込んでいくという視点が求められよう。

（2）　地域の関係機関・団体等との連携

　次に，「地域の関係機関・団体等との連携」に関する質問項目の内容は，『サービス提供組織』としての地域の居宅サービス事業者（訪問型・短期入所型・通所型），介護保険施設（介護老人保健施設・介護療養型医療施設・介護医療院），居宅介護支援事業者，行政機関（役所・福祉事務所等），医療機関（病院・診療所等），そして『相談援助組織・団体』としての社会福祉協議会，行政機関（役所・福祉事務所等），民生委員，地域包括支援センター，自治会・町内会との連携で構成されている。各項目の回答分布および得点に着目してみると，『相談援助組織・団体』因子を構成する地域包括支援センターや行政機関，居宅介護支援事業者，社会福祉協議会との連携は相対的に強いものの，『サービス提供組織』因子を構成する居宅サービス事業者との連携は弱い傾向が見受けられた。これらの地域の関係機関・団体等のなかで，居宅介護支援事業者については，本調査において，82.2％の介護老人福祉施設が同一法人内に併設していることに加え（第4章の図4-1を参照），施設入居に関する居宅介護支援事業者からの照会が多いことなどに鑑みれば，今後も安定的に連携していくことが見込まれる。

　また，地域包括支援センターについては，本調査において，38.0％の介護老人福祉施設の運営法人が市町村より業務委託を受けていることもあり，比較的連携しやすい状況にあることがうかがえる。ただし，自由記述の回答（巻末資料2-⑩）に見られるように，依拠している制度の違いが対象者への支援に支障をきたすこともあると想定される。そのため，施設

の機能と地域包括支援センターの機能をすり合わせることで，実施可能な地域貢献活動を明確化していくことも求められよう。また，地域には他法人の居宅介護支援事業者や地域包括支援センターも多数設置されているため，他法人の事業者やセンターとの連携強化にも積極的に取り組むことで地域貢献活動に場所的な偏りが生じないように留意する必要がある。そして，居宅サービス事業者との連携については，相対的に弱い傾向にあった。本調査では，8割以上の介護老人福祉施設が通所介護事業者や短期入所生活介護事業者を併設していたが，この結果から併設事業者以外との連携状況は芳しくないことが示唆される。地域で居宅サービス利用者や家族に関する情報を把握し，重度化予防や家族介護者へのレスパイト的支援につながる地域貢献活動に取り組んでいくためには，併設外の居宅サービス事業者との連携の強化も欠かせないであろう。

4　本研究の限界と今後の研究課題

　本研究は，介護老人福祉施設による地域貢献活動の実態について，地域連携担当者を対象とした質的調査によって地域貢献活動の意義や困難さを把握するとともに，量的調査によって地域貢献活動の実施状況とその下位構造，および関連要因の検討を行い，そこから介護老人福祉施設の専門的機能を活用した地域貢献活動の促進に向けた課題と展望について提言を行うことを目的として実施された。しかし，調査設計やデータの統計分析などにおいて限界点があり，今後の研究課題として残されることになった。

　第1に，質的調査で得られた地域貢献活動の意義と困難さについては，調査対象者が近畿地方の2府県（大阪府および兵庫県）の介護老人福祉施設に従事する地域連携担当者は7名であり，少人数のデータによる分析結果であることは否めない。そのため，本調査で把握された知見は，介護老

人福祉施設による地域貢献活動の実施内容（意義と困難さに関する判断材料）も含めて限定的なものと言わざるをえない。今後は，調査対象者の人数を増やすことで地域貢献活動に対する意義と困難さに関する認識を幅広く捉えるとともに，多くの介護老人福祉施設で地域貢献活動の意義が共有され，困難さの解決に向けた検討が行われることで地域貢献活動の促進につなげていくための方策を講じていきたい。また，本調査の知見を踏まえて意義と困難さを尺度化し，量的調査によって統計学的に検証していくことにもつなげていきたい。

第2に，量的調査についても調査対象施設が近畿地方の2府県（大阪府および兵庫県）の介護老人福祉施設（736施設）に限定されており，地域的な偏りがある。また，1回限りの横断的調査として実施されたため，統計分析によって得られた知見を一般化していくことには限界がある。さらには，調査の実施期間が短く，年度末の時期に実施されたこともあり，回収率が28.3%にとどまっていることから，介護老人福祉施設による地域貢献活動の実態について多角的に把握できたとはいえない。そのため，今後は，調査対象地域を拡大させていくとともに，より多くの介護老人福祉施設からの調査協力が得られるように調査の実施時期を見直し，調査対象施設の数を増やして分析対象者を十分に確保することで，知見のさらなる蓄積を図っていくことが課題である。

第3に，第4章で地域貢献活動の尺度の妥当性を検証するために確認的因子分析を行い，その分析結果から尺度の構成概念妥当性を一定水準で確認することができた。このことは本研究の成果の一つであるが，それでも評価尺度の作成に向けた第一段階の手続きをクリアしたにすぎない。そのため，今後は近畿地方以外の他地域，もしくは全国の介護老人福祉施設から調査施設を無作為抽出して同様の調査を実施し，本調査と同様の因子構造および各因子の下位項目が確認できるのかを比較検討することが必要である。さらには，質問項目の内容や表現についてもさらに検討していく

ことが求められる。

　第4に，第5章および第6章で取り上げた地域貢献活動の実施状況の関連要因について，重回帰分析の独立変数として「地域貢献活動のための活動基盤の形成状況」（第5章）と「地域の関係機関・団体等との連携状況」（第6章）を設定するとともに，調整変数として，施設の属性（入居定員，開設年，実施事業数の3項目）を設定した。その結果，開設年については，地域貢献活動の実施状況の第3因子『生活困窮者・制度対象外の人への支援』との間に有意な関連が示されたものの，全体として施設の属性による影響はほとんど受けないことが明らかとなった。

　しかし，これら3項目のみでは施設の属性を十分に捉えたとはいえないことが懸念される。例えば，立地条件や利便性（アクセスビリティ）なども地域貢献活動の実施状況と関連していることが想定される。そのため，施設の属性に関する項目についても今後見直していきたい。

　また，調査対象者（回答者）の基本属性については，従属変数となる地域貢献活動が施設職員によるミクロレベルの実践はなく，施設としてのシステマティックな実践であるため，調整変数として投入していない。しかし，呉（2013）は，施設長を対象とした量的調査によって，施設長の性別と前職種，学歴が「施設の経営特性」と有意に関連していることを示している。

　本調査では，調査対象者（回答者）の基本属性として性別，年齢，職場経験年数，所持資格，地域連携担当者としての専従の有無，兼務している者の職務（職種）を設定していたが，前職種や学歴については把握できていない。そのため，今後は調査対象者（回答者）の基本属性の設定についての見直しを行うとともに，施設の属性と調査対象者（回答者）の基本属性，「地域貢献活動のための基盤の形成状況」「地域の関係機関・団体等との連携状況」と地域貢献活動の実施状況の回帰関係モデルを構築し，構造方程式モデリングを用いてモデルのデータに対する適合度，そして変数間

の関連について検証していきたい。

〈文献〉

片岡哲司 (2016)「第6章 地域福祉拠点としての福祉施設 – 孤立や制度の間に対峙する
　　実践からその可能性を探る」井岡勉・賀戸一郎監修，加藤博史・岡野英一・竹之下典
　　祥ほか編『地域福祉のオルタナティブ〈いのちの尊厳〉と〈草の根民主主義〉からの
　　再構築』法律文化社，196-208.
呉世雄 (2013)「介護老人福祉施設の地域貢献活動の実施に影響を及ぼす要因」『日本の
　　地域福祉』26，65-77.

あ と が き

　本書は，JSPS科研費（16K0429）「介護老人福祉施設におけるケア機能を活用した地域連携への取り組みに関する実証的研究」（代表者：神部智司）の助成を受けて実施した文献研究および調査研究の成果として刊行したものである。本研究に取り組む以前は，高齢者福祉施設の入居者本人が評価する施設サービス満足度に関心があり，大阪市立大学大学院（現：大阪公立大学大学院）の大学院生として，白澤政和教授（現：国際医療福祉大学大学院），岡田進一教授のご指導のもと，博士学位論文のテーマとして取り組むなど継続的に研究に取り組んできた。社会福祉学界の第一線でご活躍されている白澤先生と岡田先生は，浅学菲才な研究者である私にとって大きな目標であり，2011年3月に「博士（学術）」を取得してから10年以上が経つ現在も格別のご指導，ご鞭撻を賜っていることに心よりお礼を申し上げたい。

　施設サービス満足度では，施設入居者が自宅で暮らしていたときと同様の生活リズムやスタイルを続けていけるような支援が大切であると考えていた。もちろん，施設職員の方々は良質的なケアを提供しておられること，かつ，居室の個室化やユニットケアの導入などが進められていることもあり，私が実施した施設訪問による個別面接調査においても，8割以上の施設入居者が施設ケアに対して「満足している」と肯定的に評価していた。

　一方で，施設での生活については，施設職員による食事や入浴，排せつなどの介助や掃除，洗濯などのお世話によって自己完結的に保たれているが，施設への入居によって"地域社会とのつながり"が薄れていることが気になっていた。施設入居者が中重度の要介護状態にあることに鑑みれ

ば，自宅で暮らしていた時期と同等のレベルで地域活動や社会参加に取り組むことには限界があるものの，施設での暮らしのなかでも"地域社会とのつながり"を実感できることが大切ではないかと考えていた。

このようなとき，以前の職場である南海福祉専門学校（現：南海福祉看護専門学校）でご一緒させていただいた新崎国広先生（元：大阪教育大学大学院教授）よりお声かけいただき，2006年より岡本榮一先生を中心とした"なぎさ"の福祉コミュニティ研究会のメンバーとして参加させていただくことになった。本研究会では，高齢者福祉施設の施設長や生活相談員，社会福祉協議会の職員，地方公務員（福祉職），大学教員，さらには大学院生など，さまざまな立場の方々が一堂に会して，国や財団法人などの研究助成を受けながら，"福祉施設と地域社会の関係"の形成に向けた理論的・実践的研究に取り組んできた。その集大成として，岡本榮一先生監修の図書『なぎさの福祉コミュニティを拓く－福祉施設の新たな挑戦』（大学教育出版）が2013年に刊行され，その翌年には第2版も刊行されることになった。そして，その編著者の一員として参画できたことが，本書の刊行に至るまでの研究活動の礎になったことは紛れもない事実である。岡本榮一先生をはじめ，"なぎさ"の福祉コミュニティ研究会のメンバーに心よりお礼申し上げたい。

2016年度からの3年間は，JSPS科研費（16K0429）の助成を受けて"福祉施設と地域社会の関係"に着目した実証的研究に取り組んできた。しかし，40歳代の"中堅"研究者の時期を迎えていたこともあり，大学教員としての教育活動に加え，校務などの学内業務が一気に増えたことに加えて，学会の役員や行政機関の委員，職能団体の委員会などの活動に忙殺され，そこに私自身の不器用さや能力不足なども重なったことで，思うように研究活動に取り組むことができず，必然的に研究論文・図書の執筆など研究成果を出すことがほとんどできない状態が続いていた。このようなとき，2019年4月に大阪大谷大学へ着任された緒方康介教授（現：

大阪公立大学大学院）との出会いが，私の研究活動への向き合い方を見つめ直す重要な転機となった。偶然にも大阪市立大学大学院の修了生という共通点があったこともあり，一緒に食事へ出かけるなど親交を深めていくなかで，緒方先生の研究活動に対する真摯な姿勢に触れるとともに，大学業務などの"忙しさ"を言い訳に研究活動を遠ざけていた私自身の愚かさに気づかされた。そして，同時に研究に取り組むことの"楽しさ"を思い出すことができた。本書は，私が研究者としての原点を取り戻したことで刊行できたといっても過言ではなく，緒方先生にも心より感謝申し上げたい。

　第Ⅱ部で取り上げた量的調査を実施して1年も経たないうちに，新型コロナウイルス感染症（COVID-19）が発生し，瞬く間に深刻な感染拡大をもたらした。私たちの生活リズムやスタイルが大きな転換を余儀なくされただけではなく，高齢者介護の実践現場では，従事者の方々が感染予防と対応に忙殺される状況が長期化し，入居型介護施設では家族の面会すらままならず，地域住民やボランティアとの交流，実習生の受け入れや地域貢献活動も大きく制限されることになった。従事者の方々の献身的な業務遂行にもかかわらず，クラスターの発生によって危機的な状況に追い込まれた施設も少なくないであろう。

　この「あとがき」を書いている現在（2023年6月），第9波が始まったとの報道も見られる。2023年5月に5類感染症に移行し，少しずつ日常を取り戻ししつつあるが，目に見えない敵（ウイルス）との闘いであり，今後についてもまったくといってよいほど見通しが立たない状況であることに変わりあるまい。一日も早く終息して日常生活を取り戻せるようになることを祈るばかりである。そして，地域包括ケアシステムや地域共生社会の実現に向けて，国民が一致団結して再び歩み続けていくこと切に願いたい。

　本書は，多くの方々との貴重な出会い，そして温かいご指導や叱咤激

励をいただいたからこそ書き上げることができました。ご指導いただいた先生方，温かく見守り続けてくれた家族，そして関係者の方々に心よりお礼を申し上げます。

神部　智司

資料 1

本研究で使用した介護老人福祉施設による地域貢献活動に
関する調査票

> 特別養護老人ホームの「地域連携への取り組み」に関する
> 実態調査

2019（平成 31）年 2 月

　2016（平成 28）年 4 月に社会福祉法が改正され，社会福祉法人による**「地域における公益的な取組」**が創設されました（第 24 条第 2 項）。これは，社会福祉法人が，直接的または間接的に地域の社会福祉の向上につながる活動に取り組むことを規定しています。そして，このようななかで，社会福祉法人が経営する**特別養護老人ホーム**には，**入居型福祉施設として有する設備や場所，人材等の機能や専門性，財源等を活用しつつ，**居宅・通所型サービス事業者や居宅介護支援事業者，地域包括支援センター，行政機関，さらには民生委員，自治会（町内会）など**地域の多様な社会資源と連携して地域貢献活動に取り組むことが期待されています。**

　本調査は，大阪府および兵庫県内の**特別養護老人ホームの地域連携のご担当者様 1 名**（**生活相談員，介護支援専門員，施設長様**など：**通所介護など同一敷地内に併設された事業所にご所属の担当者様でもご回答いただけます**）を対象に，**貴施設で実施しておられます地域貢献活動について**ご意見を賜り，**その集計・分析結果**から入居型福祉施設を中心とした「地域連携への取り組み」について提言させていただくことを目的としています。

　本調査は皆様の自由意思（任意）のもとにご協力をお願いするものであります。本調査の趣旨と目的をご理解いただける方は，何卒ご回答賜りますようお願い申し上げます。

　ご回答いただきました調査票は，**同封の返信用封筒に三つ折りにしてご回答者自身で封入していただき，3 月 23 日（土）までに郵便ポストへ投函してください。**

　誠に恐縮ですが，調査票へのご回答ならびにご返信をもちまして本調査に同意していただいたものとさせていただきます。また，ご回答いただきました調査票は，すべて統計的に処理いたしますので，個人のご回答が特定されることは一切ございません。そして，本調査の結果は，個人情報保護法に基づき，上記の目的以外に使用することは決してございません。

　本調査は，日本学術振興会科学研究費補助金（JSPS 科研費 16K04219）の助成を受け，大阪大谷大学文学部・教育学部・人間社会学部研究倫理審査委員会の承認を受けて実施させていただいております。

本調査に関するお問い合わせ

〒584-8540　大阪府富田林市錦織北 3-11-1
　大阪大谷大学　人間社会学部　人間社会学科　社会福祉コース
　研究代表者：神部　智司
　電話　0721-24-3532（研究室直通）e-mail：kanbes@osaka-ohtani.ac.jp
※研究室を不在にしている場合があるため，可能な限り e-mail にてご連絡
　いただきますようお願いいたします。

Ⅰ. 貴施設での地域貢献活動における実施状況について，おたずねしま
す。

以下のそれぞれの質問について，最もあてはまると思われる回答欄
の番号ひとつに○印をつけてください。

	回答欄			
	全く そう 思わない	あまり そう 思わない	やや そう思う	とても そう思う
1. 地域住民を対象に，**施設の建物** **や設備などを活用した交流やイ** **ベント，行事**を実施している	1	2	3	4
2. 地域住民と一緒に，**環境・美化** **活動**を実施している	1	2	3	4
3. 地域住民と一緒に，**防犯活動や** **安全確保のための取り組み**を実 施している	1	2	3	4
4. 地域住民と一緒に，**自然災害へ** **の対策や取り組み**を実施している	1	2	3	4
5. 地域住民が，施設の**フロアやス** **ペース**を利用できるように**開放** している	1	2	3	4
6. 地域の団体や自治会が，施設の **フロアやスペースを活動場所と** **して利用できるように提供して** いる	1	2	3	4
7. 地域の関係機関やサービス事業 者との**会議や事例検討会の開催** **場所**として，施設の**会議室など** **を提供**している	1	2	3	4
8. 地域住民を対象に，**介護予防や** **介護技術に関する研修・講演会** を実施している	1	2	3	4
9. 地域住民からの**福祉に関する相** **談**に対応している	1	2	3	4

	回答欄			
	全く そう 思わない	あまり そう 思わない	やや そう思う	とても そう思う
10. 地域の**小・中学校で取り組まれ** **ている福祉教育に協力**している	1	2	3	4
11. 地域住民を対象に，**ボランティ** **ア活動の担い手となる人材を育** **成**している	1	2	3	4
12. 地域の**ボランティア（個人・団** **体）と一緒に福祉活動を実施**し ている	1	2	3	4
13. 地域の**ボランティア（個人・団体）** による**福祉活動を支援**している	1	2	3	4
14. 地域住民の**相互交流のための機** **会づくりに取り組ん**でいる	1	2	3	4
15. 地域住民の**連帯意識やつながり** の**形成に取り組ん**でいる	1	2	3	4
16. **介護報酬や補助金等の対象とは** **ならない人**への福祉サービスや 事業を**無料または低額な料金で** **実施**している	1	2	3	4
17. **介護報酬や補助金等の対象とは** **ならない福祉サービスや事業を** **充実・強化**することに取り組ん でいる	1	2	3	4
18. **生活困窮者**に対して，福祉サー ビスや事業を**無料または低額な** **料金で実施**している	1	2	3	4
19. **生活困窮者**に対して，必要に応 じて**施設や法人の資産等を活用** した**追加のサービスを実施**して いる				
20. **地域での生活に支援を必要とす** **る人を発見，把握するための仕** **組みや連絡体制を整備**している	1	2	3	4

II．貴施設での地域貢献活動への意向や体制づくりについておたずねします。

　　以下のそれぞれの質問について，最もあてはまると思われる回答欄の番号ひとつに○印をつけてください。

	回答欄			
	全く そう 思わない	あまり そう 思わない	やや そう思う	とても そう思う
1. 地域貢献活動への取り組みが， **施設の理念や基本方針**のなかに **明文化**されている	1	2	3	4
2. 地域貢献活動への取り組みが， **施設全体で周知**されている	1	2	3	4
3. 地域貢献活動への取り組みが， **施設の事業計画**のなかに位置づけられている	1	2	3	4
4. 地域貢献活動への取り組みに**必要な予算が計上**されている	1	2	3	4
5. 地域貢献活動への取り組みに**必要な人員（職員）が確保**されている	1	2	3	4
6. 地域貢献活動への取り組みに**必要な設備や場所が確保**されている	1	2	3	4
7. 地域貢献活動に取り組むために**マネジメント体制が構築**されている	1	2	3	4
8. 地域の**ニーズや動向に関する情報を把握し，分析**している	1	2	3	4
9. 地域貢献活動の**質の向上に向けた取り組み**を実施している	1	2	3	4
10. 地域の**福祉力向上に向けた取り組み**を実施している	1	2	3	4

Ⅲ. 貴施設での地域貢献活動への評価について，おたずねします。

以下のそれぞれの質問について，最もあてはまると思われる回答欄の番号ひとつに○印をつけてください。

	回答欄			
	全く そう 思わない	あまり そう 思わない	やや そう思う	とても そう思う
1. 現在実施している地域貢献活動に対して，**全体的に満足している**	1	2	3	4
2. 現在実施している地域貢献活動を**今後も継続していきたい**	1	2	3	4
3. 今後，地域貢献活動の**種類や実施回数を増やしていきたい**	1	2	3	4
4. 今後，地域貢献活動のより積極的な展開に向けて，**地域の関係機関や団体との連携を強化していきたい**	1	2	3	4
5. 今後，地域貢献活動のより積極的な展開に向けて，**地域住民とのつながりを強化していきたい**	1	2	3	4

Ⅳ. 貴施設での地域連携への取り組みについて，おたずねします。

以下のそれぞれの質問について，最もあてはまると思われる回答欄の番号ひとつに○印をつけてください。

	回答欄			
	全く そう 思わない	あまり そう 思わない	やや そう思う	とても そう思う
1. 地域の**行政機関（役所・福祉事務所等）**との連携に取り組んでいる	1	2	3	4
2. 地域の**医療機関（病院・診療所等）**との連携に取り組んでいる	1	2	3	4
3. 地域の**介護保険施設（介護老人保健施設・介護療養型医療施設・介護医療院）**との連携に取り組んでいる	1	2	3	4
4. 地域の**老人福祉施設（軽費老人ホーム・有料老人ホーム等）**との連携に取り組んでいる	1	2	3	4
5. 地域の**居宅サービス事業者（訪問型）**との連携に取り組んでいる	1	2	3	4
6. 地域の**居宅サービス事業者（通所型）**との連携に取り組んでいる	1	2	3	4
7. 地域の**居宅サービス事業者（短期入所型）**との連携に取り組んでいる	1	2	3	4
8. 地域の**居宅介護支援事業者**との連携に取り組んでいる	1	2	3	4
9. 地域の**社会福祉協議会**との連携に取り組んでいる	1	2	3	4
10. 地域の**地域包括支援センター**との連携に取り組んでいる	1	2	3	4

	回答欄			
	全く そう 思わない	あまり そう 思わない	やや そう思う	とても そう思う
11. 地域の**民生委員**との連携に取り組んでいる	1	2	3	4
12. 地域の**自治会・町内会**との連携に取り組んでいる	1	2	3	4
13. 地域の**消防署・警察署**との連携に取り組んでいる	1	2	3	4
14. 地域の**教育機関（学校）**との連携に取り組んでいる	1	2	3	4

V. 貴施設で今後，より積極的に連携していきたいと考えている機関や人，施設・事業者（同一法人内も含む）について，該当する番号<u>すべて</u>に○印をつけてください。

1. 福祉事務所（役所の介護・福祉系部署）
2. 医療機関（病院・診療所）
3. 保健所・保健センター
4. 地域包括支援センター
5. 社会福祉協議会
6. 民生委員
7. 自治会・町内会
8. 地域のボランティア（個人・団体）
9. 警察署
10. 消防署
11. 教育機関（学校）
12. 居宅介護支援事業者
13. 介護老人保健施設
14. 介護療養型医療施設
15. 介護医療院
16. 訪問介護事業者
17. 訪問看護事業所・訪問看護ステーション
18. 訪問リハビリテーション事業者
19. 通所介護事業者
20. 通所リハビリテーション事業者
21. 短期入所生活介護事業者

22. 短期入所療養介護事業者
23. 認知症対応型グループホーム
24. 有料老人ホーム
25. 軽費老人ホーム

26. サービス付き高齢者向け住宅
27. 地域密着型サービス事業者
28. その他（　　　　　　　　　　　）

Ⅵ. あなたが所属されている特別養護老人ホームについておたずねします。

以下の質問項目について，あてはまる回答選択肢に〇印を，または適切な数字をご記入ください。

1. 施設の入居定員をご記入ください。

　　　　　名

2. 施設の開設年について，以下の回答選択肢より一つだけ〇をつけてください。
　① 1970 年以前　　② 1971 年〜 1980 年　　③ 1981 年〜 1999 年
　④ 2000 年以後

3. あなたが所属されている施設の所在地に一つだけ〇をつけてください。
　【大阪府の場合】
　①大阪市内　　　②三島地域　　　③豊能地域　　　④北河内地域
　⑤中河内地域　　⑥南河内地域　　⑦泉北地域　　　⑧泉南地域

　【兵庫県の場合】
　①神戸市内　　　②阪神南地域　　③阪神北地域　　④東播磨地域
　⑤北播磨地域　　⑥中播磨地域　　⑦西播磨地域　　⑧但馬地域

⑨丹波地域　　　⑩淡路地域

4. あなたが所属されている施設の設置主体（社会福祉法人）が実施して
   いる事業の種類について，次のうちから<u>あてはまるものすべて</u>に○を
   つけてください。

   1. 訪問介護　　　　　　　　2. 訪問入浴介護　　　3. 訪問看護

   4. 訪問リハビリテーション　5. 居宅療養管理指導　6. 通所介護

   7. 通所リハビリテーション　8. 短期入所生活介護

   9. 短期入所療養介護　　　　10. 特定施設入居者生活介護

   11. 福祉用具貸与　　　　　　12. 特定福祉用具販売

   13. 居宅介護支援　　　　　　14. 地域包括支援センター

   15. 養護老人ホーム　　　　　16. 介護老人保健施設

   17. 介護療養型医療施設　　　18. 介護医療院

   19. 軽費老人ホーム　　　　　20. 有料老人ホーム

   21. 定期巡回・随時対応型訪問介護看護

   22. 夜間対応型訪問介護　　　23. 認知症対応型通所介護

   24. 認知症対応型共同生活介護

   25. 地域密着型特定施設入居者生活介護

   26. 地域密着型介護老人福祉施設入所者生活介護

   27. 看護小規模多機能型居宅介護

   28. 地域密着型通所介護　　　　29. その他（　　　　　　　　　　）

5. あなたは地域連携担当者として専従されていますか？
   ①はい
   <u>②いいえ</u>（他の職務（職種）と兼務している）

6. 5. で「<u>②いいえ</u>」と回答された方のみお答えください。

どの職務（職種）と兼務されていますか？（あてはまるものすべてに○をつけてください）

①生活相談員　　②介護支援専門員　　③施設長

④その他（　　　　　　　　　　　　　　　　　）

Ⅶ. あなたご自身のことについておたずねします。

以下の質問項目について，あてはまる回答選択肢に○印を，または適切な数字をご記入ください。

1. あなたの性別はどちらですか？

①女性　　②男性

2. あなたの年齢をご記入ください。

＿＿＿＿歳（2019 年 2 月 1 日現在）

3. あなたの現在の職場での勤務年数についてご記入ください。

＿＿＿年＿＿＿か月（2019 年 2 月 1 日現在）

4. あなたの所持資格について，あてはまるものすべてに○をつけてください。

①社会福祉士　　　　　　　②精神保健福祉士

③介護福祉士　　　　　　　④介護支援専門員

⑤主任介護支援専門員　　　⑥介護職員初任者研修修了

⑦介護職員実務者研修修了　⑧訪問介護員 1 級

⑨ 訪問介護員 2 級　　　　⑩その他（　　　　　　　　　　）

Ⅷ. 特別養護老人ホームによる地域貢献活動，地域連携への取り組みについてご意見等がございましたら，ご自由にご記入ください。

質問項目は以上となります。

念のため，記入漏れがないかもう一度お確かめください。

貴重なお時間を割いてご協力いただきまして，誠にありがとうございました。

本調査票を三つ折りして同封の返信用封筒に厳封していただき，ご投函いただきますようお願いいたします。

資料２

量的調査の調査票の自由記述欄に寄せられた意見一覧

①地域性による差が大きいので，ニーズに合わせての対応が必要だと思います。また，古い施設を新しい施設，担当スタッフや施設長などの立場の人が，地元の方なのか通勤の方かによっても大きな差があるように思います（制度上は包括の機能があるので）。

②当事業所には包括を委託されているため，地域との連携は比較的取りやすい。しかし，立地では急な坂が多く，施設の場所も住宅地ではあるが，小高い山の上のような場所にあるため，来訪者には施設までの足がなかなか大変な様子。高齢者の割合の多い地域であるため，何か地域貢献を形にしたいが，多くの施設が取り組む内容では，立地的にも難しいため，二の足を踏んでいる状態。ただし，自治会等地域の活動が活発な地域でもあるため，今後，自法人だからこの地域だから求められる役割をみつけたい。現在は，地域の方との食事会を3カ月に1回実施。情報収集や集いの場としている。

③取り組みを強化していきたいところですが（活動に参加する），人員不足が最大のネックとなっています。本来であれば地域貢献活動への参加等は，職員のやりがいや経験値を育てるのにも役立つはず。悩ましいところです。

④地域に関わりたいが人員が必要であり，公休数の兼ね合い等で参加できない時もある。公休を削って行くか，出勤で行くのか悩まされるときがある。

⑤社会福祉法人として，地域貢献活動を行うことは当然のこととして理解しています。ただ，法人の行っている本来の事業において，利用者の受入能力，営業曜日，時間帯など，まだまだ地域に貢献できる部分がないがしろになっていると感じます。

⑥「地域貢献」への思いはあれど，何をどうしたら良いか，なかなかピンときていないという施設があるのも事実だと思います。行政等も地域貢献活動の橋渡しをもっと積極的にされても良いのではと思います。

⑦兵庫県の兵庫県知事認定地域サポート施設に初年度から認定を頂いております。

⑧社会福祉法人の使命として，「地域貢献」への取り組みは大切なことと認識しています。社会資源となる施設設備や人材を地域貢献にフル活用しなければならないと日々感じています。そのためには，施設の経営を万全なものにしておかないと地域の連携強化は困難なものになります。現在は，自治会の防災計画作成から連携し，福祉避難所の役割強化を図っています。また，市老人福祉センターで認知症カフェや地域ボランティアの育成などに関わっています。これからも継続して地域に貢献できる施設でありたいと取り組みを進めていきたいと思います。

⑨人員が不足しており，外に出かけることが難しいです。

⑩法人で地域包括支援センターを受託し，同一敷地内にて運営しているが，地域包括支援センターの活動と特別養護老人ホームに期待される地域貢献活動がかぶっているように感じる。包括支援センターと連携して取り組むことが求められると思うが，お互いの制度の縛りもあり，なかなかうまくいかないのが現状と思う。

⑪老人ホームという施設ですから，自治会や老人会とは連携が図れているが，子育て世代や婦人会などとは関わりが薄いため，もっともっと大人の世代や団体と関れるようにしていきたいです。

⑫勉強不足で，特養における地域活動のイメージが沸いていません。現場は日々，内々の問題の対応に追われてばかりで，外にまで目が向けられていません。

⑬地域貢献活動をもっとやっていきたいが，介護・看護職が不足しているため，取り組めないのが現実である。

⑭地域法権活動や地域連携については，費用が持ち出しとなり，規模の拡大や活動内容の充実を図るためには補助金等の検討が必要かと思われ

る。

⑮地域自治会との連携は従前から行っているが，地域貢献活動については今後の課題となっている。昨年からは市内社会福祉法人連絡会を立ち上げて検討中である。

⑯慢性的な人員不足と地域連携の為に提供できるフロアやスペースがない為，目に見える形での地域貢献，連携はできにくい状況になっている。

⑰地域貢献，地域連携に取り組もうとすれば，夜間の会合や土日に開催される行事への参加となり，職員の確保が難しい状況である。また，専門職と言われるが，無資格者も多く，必ずしも地域に出向いて行ったり，受け入れたりする余裕のない状態である。

⑱世代を超えて地域に必要とされる身近な存在でありたいと思っています。介護保険事業にとらわれず，民生委員，区長，地区福祉委員，小中学校等つながりを大切にしています。特に住民主体の地区ケア会議を平成15年より毎月1回実施し，地域住民の困りごとや相談を受け，地域の掘り起こしを行っています。今後は，地域での核となる住民の高齢化または前期高齢者の社会進出もあり，地域の担い手不足，ボランティア不足が心配です。また，昨今，防犯に関しても注意が必要で施設開放や交流の場等管理体制が不安です。

⑲在宅介護支援センターを中心に，食事会や地域ケア会議，ブランチ連絡会などで積極的に関わっていき，独居が増えている中，さまざまな形で対応していますが，なかなか踏み込んで対応できない現状があり，限界を感じる時が多くなってきています。

⑳人財の不足により，地域貢献活動や地域連携に向けての積極的な取り組みまで手がまわらないのが実状。経営的にも厳しく，介護職員の確保と適性な運営に向けて取り組んでいくことが先決。法人全体として取り組んでいるので，施設として参画はしているが，施設単体で見れば

まだまだという感じである。

㉑「地域貢献」という言葉が先行し，具体的に何が地域貢献なのか，また，どのレベルを示すのか定義がよくわかっていない。福祉施設として地域に貢献するというが，地域の方を受け入れるのは生業として行っており，ボランティアの方へ開放するといったこともお聞きするが，はたしてそれが貢献なのか，むしろお手伝いに来ていただいているケースの方がほとんどなので，それが真の地域貢献といえるのか疑問に思う。

㉒生活困窮者に対して，大阪府は社会貢献事業があり，当施設においてもCSW を数名配置している。

㉓正直，人材もなく，金銭的にも経営が厳しい状況の中で，地域貢献と言われても疲弊していくばかりです。正直なところ，高齢者福祉の未来はどうなるのか，どんどん大きな法人に合併していくのか，不透明です。

㉔開かれた施設と永年，施設にどう地域の方に来ていただくか？ を考えてきましたが，数年前から「どう地域の中に入っていくか？」というように方向転換しました。そのこともあり，それから，地域との連携，関係がより深まってきたと思います。地域の中の一員，「施設」であると日々痛感しています。

㉕他施設の地域貢献担当の方と話をすると，兼務されている方も多く，兼務とのバランスをとるのが大変という話をよく聞きます。幸い，当施設では，短時間ではありますが，地域貢献専従の職員がおり，委員会形式もとり，地域の方と今後の目指す地域像について話したりすることができています。また，高齢者サービスの枠をこえ，保育・教育機関，障がい，社協等々，連携していく体制を作るよう，話をする機会をもっています。住宅街からは離れた場所にあるので，気軽に寄ってもらうという理想からは遠いですが，地域のサロンへ出かけ，気軽に

声をかけてもらうように取り組み，地域の方々に親しみを感じてもらえる施設，職員でありたいと思います。

㉖○○食堂などの取り組みではなくて，認知症になっても障害を持っても，今までの住み慣れた地域で，行きつけの店に行ける社会をつくる仕組みを創ることが地域貢献ではないでしょうか。・

㉗特養の職員の人員確保が困難な中で，地域貢献の人員配置は困難。

㉘正直，地域の喫茶や食事サービス等，施設内行事で地域の方々にボランティアに来てもらう等の活動くらいしかできていません。法人アイに地域包括支援センターがあれば情報や活動の幅は広がると思いますが，特養単体では，人材不足もあって，なかなか情報収集ができない状況であると思います。

㉙地域の方々の相談に対応しながらも，実は地域の方々に助けられている一面が多々あると感じる毎日です。小さなこと，できることを実践していきたいと考えています。

㉚地域貢献活動はボランティア精神に基づくことが多く，遅々として進まずの現状です。施設での十分な職員理解が難しいまま，活動に参加することするできにくい状態である。医療，社協，行政，福祉施設等の連携が大切ですが，医療部門との連携で送れるようにも思うが…。

㉛今までは（ここ６年程），イベント等取り止めていましたが，これからは積極的な取り組み，および地域の方々との連携，福祉に関する発信をしていくように取り組んでいきたい。

㉜施設での講義（認知症についてなど）や年齢や立場を超えて楽しいイベント（ワークショップなど）を実施したいと思っています。近くに小学校がいくつもあるので，楽しくお年寄りと触れ合え，小学生の人格形成によい影響を与えられたらと思います。施設としては，利用者になる前の方が，困りごとがあったときに来ていただけたり，介入が必要な方を地域全体としていち早く発見できるような取り組みも行ってい

きたい。

㉝自施設による地域貢献活動については，施設内の地域交流センターの活用，福祉人材の育成，高齢者の雇用，社会奉仕型短期補導委託等がありますが，法人全体として活動しているものもあります。市民祭りや中学校のフェスタ，ボランティアの育成など。今後も地域住民との繋がりを重要視していくことが必要だと考えています。

㉞閉鎖的になりがちな施設を開放していきたい。開かれた施設としてあることは，施設内におけるサービス向上の手段ともなる。情報公開にも積極的に取り組んでいる。地域の中にある社会資源のひとつとして，地域の方々に活用して頂けるよう開放していきたい。地域の皆さまに信頼していただくことで初めて末永く存在できる社会福祉法人になれると思う。今後も地域社会に貢献できるよう，地域の中での存在感を高めていきたいと考える。

㉟地域包括ケア推進の流れの中で，如何にして地域資源としての期待されている取り組みを実践できるか。職員の意識にも多分に依るところが多いと思われる。

㊱当施設では，毎年夏に地域の盆踊り大会を兼ねて夏祭りを，地元自治会と連携を図りながら実施している。駐車場兼広間を開放し，会場スペースに提供し，たこ焼き等の屋台による飲食提供も行い，好評である。また，地元幼稚園や小中学校との交流も活発である，行事にて交流を図っている。

㊲私どもの地域貢献事業の取り組み発表をさせて頂ければ幸いです。法人全体で頑張っていますのでよろしく。地域の方々を雇用，シニアの活用などもしています。

㊳○○市の特養では協力しあってさまざまな取り組みをしています。文章では説明しきれないので，ぜひ一度取材に来ていただければうれしいです。

㊴開設して1年のため，まだまだ地域貢献に関して不十分な面が多い。今後，積極的に取り組んでいきたいと考えています。

㊵まず，特養本体の介護職員が充足すること，事務所職員（相談員，ケアマネ含む）に余裕があっての地域貢献である。そのためには，職員の確保，介護業務負担軽減のためにリフター見守りロボット介護ソフトの導入が急がれる。

索　引

■著者紹介

神部　智司　（かんべ　さとし）

大阪市立大学大学院生活科学研究科生活科学専攻　後期博士課程　修了
博士（学術），社会福祉士，専門社会調査士

現　　在：花園大学社会福祉学部社会福祉学科　教授
専門分野：社会福祉学（高齢者福祉・地域福祉）

編著・共著
『なぎさの福祉コミュニティを拓く ― 福祉施設の新たな挑戦』（編著）大学教育出版，2013 年
『認知症が疑われる人に対する鑑別診断前後の受診・受療援助の実践モデルに関する研究』（共著）大学教育出版，2023 年
『ソーシャルワーク実践のための量的研究法』（共著）大学教育出版，2022 年
『認知症ケアにおける社会資源（改訂 6 版）』（共著）ワールドプランニング，2022 年
『介護福祉用語集』（共著）ミネルヴァ書房，2021 年
『ケアマネジメント事典』（共著）中央法規出版，2021 年
『ソーシャルワークの理論と方法［共通科目］』（共著）中央法規出版，2021 年
『社会福祉調査の基礎』（共著）中央法規出版，2021 年
『高齢者福祉』（共著）ミネルヴァ書房，2020 年
『高齢者に対する支援と介護保険制度（第 4 版）』（共著）ミネルヴァ書房，2018 年
『改訂 認知症ケアのためのケアマネジメント』（共著）ワールドプランニング，2018 年
『介護関係者のためのチームアプローチ（第 2 版）』（共著）ワールドプランニング，2018 年
『在宅ケアと諸制度』（共著）ワールドプランニング，2018 年
『新たな社会福祉学の構築 ― 大阪市立大学大学院白澤政和教授退職記念 ―』（共著）中央法規出版，2018 年
ほか

介護老人福祉施設の機能と地域貢献活動
― 地域包括ケアの推進に寄与する取り組み ―

2023 年 12 月 15 日　初版第 1 刷発行

■著　　者 ── 神部　智司
■発 行 者 ── 佐藤　守
■発 行 所 ── 株式会社 大学教育出版
　　　　　　　〒 700-0953　岡山市南区西市 855-4
　　　　　　　電話（086）244-1268　FAX（086）246-0294
■印刷製本 ── モリモト印刷㈱

ISBN978 - 4 - 86692 - 279 - 9